Entendiendo el Mensaje de 1888

LA FE DE JESÚS

Edición Original

Herbert Douglass

LS Company
ISBN: 978-1-0881-8559-9
Copyright©2023

Contenido

Capítulo 1: La Urgente Importancia de la Fe. 5

Capítulo 2: Cómo la Fe es Mal Entendida. 9

Capítulo 3: ¿Qué, Entonces, Es La Fe Bíblica? 14

Capítulo 4: La Fe, La Única Condición de la Salvación. 26

Capítulo 5: La Fe Condena el Pecado en la Carne. 39

Capítulo 6: La Fe es la Respuesta, ¿Pero de Quién? 43

Capítulo 7: La Fe, la Clave para la "Última Generación". 46

Capítulo 1: La Urgente Importancia de la Fe.

¿Recuerda aquella noche en el mar de Galilea, después de un día fatigado, cuando la tormenta bajó de las montañas, lanzando el barco de nuestro Señor como un corcho, anegándolo con agua? Los discípulos estaban desesperados, mientras el Señor dormía. Sus mejores esfuerzos parecían inútiles. Cuando todo parecía perdido, ellos se acordaron en la misión de quién estaban. Se volvieron hacia Él en su gran necesidad. "¡Maestro, Maestro, estamos pereciendo!" (Luc. 8:24). Despertado por el grito de pánico, Jesús se levantó en aquel barco vapuleado, levantó Su mano hacia el airado mar, y pidió paz. Las nubes se quebraron, el mar se calmó, y los discípulos, juntamente con los compañeros de viaje de los barcos cercanos, observaron asombrados. Sin duda ellos se dirigieron a Jesús con gratitud y alabanza.

¿Pero era asombro y alabanza lo que Jesús quería de Sus compañeros de viaje en aquella hora de peligro y de liberación? "¿Adónde está vuestra fe?" preguntó Él. Su énfasis estaba en "vuestra" fe. Jesús, como el Hombre entre los hombres, estaba haciendo una pregunta de vital importancia. Él había descansado en la popa del barco, envuelto en la paz, sin un trazo de temor en Su corazón. Pero Su paz no se debía a que Él enfrentaba el peligro como Dios. Él enfrentó la tempestad y las presiones de la vida con la misma responsabilidad humana compartida por los demás en el barco. Como hombre, Él durmió, aun cuando encontró los terrores comunes a la humanidad. Pero como hombre, Jesús durmió en fe en el poder sostenedor de Su Padre celestial. El poder que calmó la tempestad no era el de Él, sino que era de Su Padre que estaba en el cielo.

Cómo reaccionó al peligro fue de la manera en que todos los hombres y mujeres enfrentan las dificultades, y esa manera, Su manera, es el resultado natural de la vida de fe. "En la tierra o en el mar, si tenemos al Salvador en nuestro corazón, no necesitamos temer. La fe viva en el Redentor serenará el mar de la vida y de la manera que él reconoce como la mejor nos librará del peligro". (DTG:303).

Lo que Jesús deseaba en Sus discípulos en aquella noche negra, era la fe, una confianza y un padrón de hábito que reflejara la manera en que Él enfrentaba los problemas de la vida. En Su pregunta aparece una suave represión: "¿Adónde está vuestra fe?".

Él aun reprende a hombres y mujeres, cuando ellos temen diciendo que no pueden ser como Él. Cualquier pensamiento confortable de que no podemos "ser como él" (1 Juan

3:2) a este lado de la resurrección, recibirá nuevamente Su condenación. Ese extraño derrotismo coloca una baja estima en Su gracia, una baja expectativa en lo que Él puede hacer por Sus amigos. Si Su gracia y ejemplo no significan nada, entonces Él no espera que Sus seguidores pasen el resto de sus vidas en algún tipo de piadosa apología por fallar en hacer lo que Él dice que el hombre puede hacer, por la misma cooperación divino-humana que Él experimentó.[1]

El asombro, y hasta la alabanza, no es lo que Jesús espera. No le agrada a Jesús, como si fuera un mago, que realiza muchas cosas sorprendentes para deslumbrar a hombres y mujeres. Lucas informa que los discípulos "atemorizados, se maravillaban" (Luc. 8:25). Discípulos temerosos, piedad apologética, y hasta apreciación agradecida por lo que Él había hecho, no refleja mejor la gloria de nuestro Señor o Su poder como Salvador de los hombres y mujeres.

Las personas que no conocen al Señor, hacen bien en estar temerosas en vista de enfermedad y de las calamidades naturales. No es sorpresa si los hombres y mujeres que no están comprometidos, se acobardan como esclavos delante de la angustia con los desastres personales o en una situación crítica de auto-destrucción con hábitos malos. ¿Pero debieran hacer eso los cristianos? ¡No, si tienen la fe de Jesús!

Si un texto identifica al pueblo de Dios en los últimos días, distinguiéndolo del mundo y de los miembros de las iglesias nominales, probablemente sería Apoc. 14:12. "¡Aquí está la paciencia de los santos, los que guardan los Mandamientos de Dios y la fe de Jesús!". El pasaje describe a aquellos que han respondido a los mensajes de la "hora del juicio" de los tres ángeles (Apoc. 14:1-11), mensajes que el mundo ha escuchado desde 1844. Identifica a las personas preparadas para la vendida de Jesús, listas para ser trasladadas.

Esas personas son la cosecha del la semilla del evangelio, por la cual Jesús ahora espera. Su testimonio público se convierte en la última súplica de Dios a un planeta rebelde. Cuando todos los que viven al mismo tiempo alrededor del mundo, finalmente acepten o rechacen el llamado que Dios les hace a través de Su Palabra y ejemplo, Él ya no puede decir o hacer nada más, para dejar más clara su invitación. La gracia se cierra

---

[1] "Nadie diga: No puedo remediar mis defectos de carácter. Si llegáis a esta conclusión, dejaréis ciertamente de obtener la vida eterna. La imposibilidad reside en vuestra propia voluntad. Si no queréis, no podéis vencer. La verdadera dificultad proviene de la corrupción de un corazón no santificado y de la falta de voluntad para someterse al gobierno de Dios… Cuando la voluntad del hombre coopera con la voluntad de Dios, llega a ser omnipotente. Cualquier cosa que debe hacerse por orden suya, puede llevarse a cabo con su fuerza. Todos sus mandatos son habilitaciones". (PVGM:266, 268).

entonces. Esa es la razón por la cual el siguiente texto descrito en Apocalipsis 14 es el retorno de Jesús.

La pregunta es: ¿Cómo nos reunimos a ese grupo; esto es, al pueblo que guarda los mandamientos de Dios y la fe de Jesús?

Aparentemente ese pueblo no es la exhibición A de Dios sin paciencia. Ellos soportaron dificultades, con dignidad, y hasta con alegría. Alegremente le dicen al mundo, por sus palabras y vidas, que sea lo que sea que suceda, Jesús es muy capaz de mantenerlos sin caída, que Su fortaleza es suficiente para todas las cosas.

El pueblo de Dios también es guardador de los mandamientos. No hay si, ni y, ni dudas; la Biblia dice que son guardadores de los mandamientos. Aun cuando están agradecidos por ser perdonados, Dios está aun más agradecido de darles poder para purificar a Su pueblo de sus pecados, para asistirlos para que sean vencedores y guardadores de los mandamientos, porque eso es lo que significa ser un Salvador (Mat. 1:21). No hay duda con respecto a eso, el pueblo de Dios será guardador de los mandamientos, trofeos de Su gracia y poder para siempre (Efe. 1:6, 12; 2:10, 14-21).

Pero un pueblo así no quiebra las cargas ni los "dardos inflamados del maligno", ellos realmente no guardan los mandamientos, a menos que tengan la fe de Jesús. Solamente esta fe desarrollará guardadores durables, loables y simpáticos.

La fe de Jesús es una fe salvadora.[2] Esa fe salvó a Jesús del pecado. Lo protegió de sentirse apenado por Sí mismo, lo mantuvo sin mancha del mundo.[3] Por le fe Él "creció en sabiduría y estatura, y en el favor de Dios y de los hombres" (Luc. 2:52, NIV), como una persona poderosa y graciosa. Este tipo de fe hace lo mismo por usted y por mí.[4] La fe de Jesús produce el carácter de Jesús, y es el carácter de Jesús lo que todo el cielo espera

---

[2] "Como el Hijo de Dios vivía por la fe en el Padre, hemos de vivir nosotros por la fe en Cristo. Tan plenamente estaba Jesús entregado a la voluntad de Dios que sólo el Padre aparecía en su vida. Aunque tentado en todos los puntos como nosotros, se destacó ante el mundo sin llevar mancha alguna del mal que le rodeaba. Así también hemos de vencer nosotros como Cristo venció". (DTG:353-354).

[3] "Por la fe, confió en Aquel a quien había sido siempre su placer obedecer. Y mientras, sumiso, se confiaba a Dios, desapareció la sensación de haber perdido el favor de su Padre. Por la fe, Cristo venció". (DTG:704).

[4] "Cristo no desmayó ni se desalentó, y sus seguidores han de manifestar una fe de la misma naturaleza perdurable. Han de vivir como él vivió y obrar como él obró, porque dependen de él como el gran artífice y Maestro. Deben poseer valor, energía y perseverancia... En vez de deplorar las dificultades, son llamados a superarlas. No han de desesperar de nada, sino esperarlo todo". (DTG:634).

ver reproducido en aquellas personas que se llaman a sí mismas guardadores de los mandamientos y heraldos del Advento.[5]

Una altísima urgencia ha descansado sobre cada generación desde 1844, para entender y experimentar "la fe de Jesús". No solo la terminación del último llamado de Dios a un mundo necesitado, sino que también el bienestar de todo profeso cristiano aquí y ahora que depende de ello. Y también por el destino eterno de toda persona. Tenemos que descubrir por nosotros mismos lo que significa vivir como lo hizo Jesús. Necesitamos, más que todo, la "fe de Jesús".

Dios no nos está pudendo que emulemos la fe de Abraham, aun cuando las Escrituras lo llaman el "padre de los fieles". Él tampoco está pidiendo que levantemos a Moisés como el alto desafío delante de la última generación, aun cuando de nosotros podríamos alistarnos para esa resistencia y fidelidad. Aun cuando ellos nos avergüencen con nuestra fe, ni Abraham ni Moisés tuvieron la fe que caracterizará a "aquellos que guardan los mandamientos de Dios y le fe de Jesús".

Será necesaria la fe de Jesús para enfrentar al maligno durante las presiones y ataques finales de los últimos días. Tenemos que separarnos de todos los medios de apoyo terrenal, rodeados de nuestros queridos y amigos que suplican por moderación y compromiso, el pueblo de Dios resistirá y enfrentará malos entendidos y el terror triunfantemente, porque ellos, también, han desarrollado en su propia experiencia el mismo tipo de fe que preservó a Jesús de retroceder bajo similares ataques de amigos y de adversarios semejantes.

"¿Adónde está vuestra fe?" Esa es la pregunta que Jesús les pregunta a los que desean el Advento. De aquel grupo grande del mundo que habla y canta acerca de estar listos para el Advento, saldrá un grupo menor que entenderá la pregunta de nuestro Señor. Su respuesta es una vida de fe, una vida vencedora, triunfante, que refleja el ejemplo de nuestro Señor. Juan los retrata con estas palabras galvanizadoras: "Aquí están aquellos que guardan los mandamientos de Dios y la fe de Jesús" (Apoc. 14:12).

---

[5] "Cristo espera con un deseo anhelante la manifestación de sí mismo en su iglesia. Cuando el carácter de Cristo sea perfectamente reproducido en su pueblo, entonces vendrá él para reclamarlos como suyos". (PVGM:47).

Capítulo 2: Cómo la Fe es Mal Entendida.

Hasta aquí hemos descrito la importancia de la fe, especialmente de aquellos que quieren comprometerse con el pueblo de Dios, listos para Su segundo advenimiento. Pero, si esa fe es tan importante, ¿por qué no vemos más de ella? Parte del problema radica en el hecho que algunas personas piensan que tienen fe, cuando no la tienen. Otros asumen que no necesitan fe, porque ellos creen que hay una manera natural de rendirle gloria a Dios. Entonces, muchos pueden mal entender la naturaleza de la salvación, porque poseen un concepto errado de lo que es fe. Todo esto dentro del cristianismo, todos afirmando que Jesús es su Salvador.

Por ejemplo, muchas personas sienten que la iglesia ha hecho pedazos la doctrina de la Justificación por la Fe. Ellos argumentan: "Hemos escuchado ese asunto durante años". Cansados, ellos consideran el asunto como algo elemental. Pero ese cansancio representa una evidencia suficiente de que han errado el significado crucial del asunto.

Una de las causas principales de ese cansancio, por un lado, o las controversias recurrentes, por el otro, cada vez que los miembros discuten la doctrina de la justificación por la fe, es que el foco normalmente se centra en términos tales como "justificación", "santificación", o aun "justicia", siempre asumiendo que entienden bien la naturaleza de la fe. La mayoría de las discusiones sobre esos términos generalmente se esfuerzan inútilmente en estudios bíblicos impersonales o en una simple frustración, no en una causa primaria de las dificultades originadas por los hombres, las cuales se han vuelto asociadas con términos teológicos tales como "justificación por la fe", "santificación por la fe", "justicia por la fe", sino que debido a una inconciente presunción de que todos conocen lo que significa la fe en esas fórmulas. Una inadecuada concepción ha distorsionado los términos, sujetándolos a enormes peleas teológicas.

Algo básico para nuestro problema, es que casi ningún cristiano cree tener fe. Pero en esa creencia radica la causa del conflicto y la confusión de los siglos. Existen muchas definiciones de fe. A menudo ellas se contradicen. El mal entendido fundamental de la fe es una de las razones cruciales, no solo por la multiplicidad de las iglesias cristianas, sino que debido a la gran variedad de interpretaciones de casi toda doctrina bíblica.

Piense en cómo el mal entendido de la fe ha ayudado a dividir a los cristianos en asuntos como estos:

1. La soberanía de Dios y la responsabilidad del hombre
2. La naturaleza de la humanidad de Jesús
3. La predestinación y la libertad
4. La expiación – subjetiva, objetiva, o ambas
5. La imagen de Dios – lo que se perdió, y qué puede ser restaurado en esta vida
6. La naturaleza del pecado – substantivo o relacional
7. La iglesia – compañerismo o institución, organismo u organización
8. La Biblia – transcripción infalible, un instrumento divino-humano de comunicación y fe, o un registro humano de un pueblo religioso
9. Los sacramentos – magia mística o símbolos de adoración
10. Los oficiales de la iglesia – autoridad jerárquica o funciones de servicio
11. La predicación – transmisión de información o un encuentro personal

Piense en las muchas maneras en que normalmente usamos la palabra fe:

1. "No poseemos suficiente información – tenemos que continuar buscando la fe". Pero la fe no es algo ciego que buscamos cuando todo lo demás falla.
2. "Él es un Bautista; él no pertenece a la fe Metodista". La fe es algo más que un cuerpo de información religiosa.
3. "¡Guarda la fe, nena!" Eso se escuchaba más frecuentemente durante la década de 1960 y 1970, y el slogan sugiere que uno iguala la fe con una profunda lealtad. Sin embargo, la fe cristiana es más que una intensa convicción. Si no fuese así, entonces los devotos seguidores de Mao Tse Tung o de Adolfo Hitler representan brillantes ejemplos de cristianos para ser emulados.
4. "Tengo fe en que la tecnología va a encontrar una solución para la crisis energética antes que el mundo se quede sin combustibles". Pero la fe es algo más que confianza en el proceso científico, más que confiar en el esfuerzo cuidadoso y en los métodos asociados con el extraordinario éxito del laboratorio.
5. "Debiéramos estar viajando hacia Noroeste, pero si tenemos fe en nuestra brújula, debiéramos virar ahora, porque dice que realmente estamos viajando hacia el Este". Por lo menos esa fe descansa en algo objetivo, fuera de los antojos o de las profundas convicciones, aun cuando nuestra fe en la brújula nos llame a actuar

contrario a nuestra propia experiencia. ¿Existe la fe si no cambiamos nuestra dirección de viaje?

6. "Este carro parece estar bien cuidado, pero no se nada a respecto de comprar carros. Se lo voy a llevar a Leonardo – tengo fe en su juicio cuando se trata de automóviles". Aquí la fe envuelve confiar en el juicio de alguien, y su decisión puede ser suficiente para comprar autos. ¿Pero es esa fe de segunda mano suficiente cuando consideramos el matrimonio, el unirse a una iglesia, un estilo de vida para la familia, o cuál día es el Sábado en el siglo XX?

7. "Jamás pensé que iba a tener un tumor cerebral. Sin embargo, mi neurocirujano me va a operar – y yo tengo fe en él". Más que una brújula, más que un juicio de un amigo acerca de comprar un carro, ahora colocamos nuestra vida en las hábiles manos de un cirujano entrenado. Infelizmente, él es otro ser humano con todos los altos y bajos días que afligen a cualquier individuo.

Al azar hemos mirado diferentes maneras que usamos para la palabra fe. Aun cuando algunas de las instancias parecen compartir ciertos aspectos en común, cada ocasión es singularmente diferente. Pero aun estamos empleando la misma palabra fe. Trate de sustituir en la frase "justificación por la fe" la definición de fe contenida en cualquiera de los siete ejemplos. Ahora comenzamos a ver el problema que inconcientemente nos causa problema cuando tratamos de encontrar aquella cualidad que marcará distintivamente al pueblo de Dios en los últimos días. Consecuentemente, tenemos que entender lo que la Biblia quiere decir cuando usa la palabra fe, porque ninguna de nuestras definiciones usuales nos podrá ayudar[6].

Parte de nuestra confusión actual resulta de nuestros idiomas contemporáneos (Ingles, Francés, Alemán) al tratar de traducir las palabras Griegas pistis (sustantivo) y pisteuein (verbo). El sustantivo pistis (generalmente traducido como "fe" en Inglés) es más bien traducido como fides en Latín; al Francés como foi, y al Alemán como Glaube.

Pero estos idiomas (con excepción del Alemán) han hecho algo con el entendimiento de "fe", que el Griego no lo hace, ellos separaron el sustantivo del verbo. ¡El Griego entendió inmediatamente que el "acto de fe" (la acción verbal) era algo que el hombre o

---

[6] Cuando vamos a la Biblia Inglesa, por ejemplo, para descubrir lo que significa fe, no sugerimos que una palabra necesariamente posea solamente un significado o que el sentido de algún pasaje dependa de la definición invariable de una palabra clave. Esto es especialmente verdadero cuando estamos usando traducciones y no el Griego del Nuevo Testamento y el Hebreo del Antiguo Testamento. Estamos enfatizando, sin embargo, que una palabra deriva su significado primariamente de su contexto, que una comparación de diferentes usos de esa palabra en cada contexto, ayudará a clarificar con mayor precisión la definición general de una palabra en particular. Además, un escritor inspirado posterior aclarará una palabra bíblica en ciertos contextos, proveyéndonos una base menos subjetiva de interpretación.

la mujer de "fe" (sujeto) hizo! En su idioma estaba claro: pistis era "fe" y pisteuein era lo que la fe hizo. Algo similar ocurre en Inglés, el escritor escribe; el nadador nada; el temeroso teme.

Pero al traducir pistis y pisteuein, la mayoría de los idiomas modernos separaron el sustantivo del verbo, de tal manera que la conexión entre ambos se vuelve irreconocible en la traducción. Aun pero es que la separación entre el sustantivo y el verbo no surgió por accidente. Los idiomas no crean palabras sin una razón. Debido a que las personas eventualmente entendieron mal el significado de la "fe" cristiana, debido a que la teología se convirtió en lago confuso con respecto al significado de fe, el idioma lo reflejó. Por ejemplo: el Latín para pistis es fides, pero su verbo, la contrapartida, es credere, y eso crea un serio problema para el mal entendimiento, tal como lo veremos en un momento. El Francés para pistis es foi, pero su verbo es croire; el Inglés traduce pistis con "faith" y su verbo (especialmente en la KJV) es "to believe".

La infeliz división entre el sustantivo y el verbo, ha conducido al que no está atento, a lo largo de los siglos, a un profundo mal entendimiento del concepto de fe del Nuevo Testamento. Por ejemplo, el Latín credere significa "darle crédito a algo, asentir, una doctrina de creer". Así, una persona puede creer una declaración sin tener ningún relacionamiento particular con eso, sin ningún cambio especial de su estilo de vida, debido a su aceptación mental. Cuando uno usa credere (Latín) o croire (Francés) o "to believe" para traducir el verbo Griego pisteuein (tener fe), algo perverso y extraño al simple pero importante concepto de fe del Nuevo Testamento, ha ocurrido.

En Juan 3:16. "Porque tanto amó Dios al mundo, que dio a su Hijo único, para que todo el que crea en él, no perezca, sino tenga vida eterna", la mayoría de las personas asocian "el que crea" con un conocimiento intelectual, tal como nosotros lo haríamos si se nos solicita creer que Jesús resucitó el domingo en la mañana y no el martes en la mañana. Salvo unas pocas excepciones, cada vez que la KJV (y muchas otras traducciones al Inglés) usa "creer", está traduciendo pisteuein, el verbo Griego, "tener fe".

El idioma Alemán ha hecho aun más interesante con el concepto de fe (Glaube – glauben), donde la tragedia idiomática aun existe. Yo estaba enseñándoles la lección de la Biblia a un grupo de adultos Alemanes en Dakota del Norte, y estábamos analizando la fe. Yo les pedí que me dijeran en Alemán: "Yo tengo fe en Jesús". Inmediatamente ellos dijeron: (Ich glaube an Jesus". Entonces les pedí que dijeran: "Yo creo que tu tienes ojos azules". Y ellos comenzaron: "Ich glaube..." y pararon. Se miraron los unos con los otros, trataron de decirlo varias veces, y finalmente uno comentó: "O no tenemos una palabra para creer o no tenemos una palabra para fe". Y les llevó varios minutos hablando entre ellos, para entender en el lío en que estaban.

El problema ha sido que durante los años, la palabra Alemana Glaube, tiende fuertemente a estar asociada solamente con un proceso intelectual, igualando así fe con una creencia mental, cuya respuesta primaria a Dios es "creer". Pero esa igualdad inconciente de fe con una creencia intelectual, también hace parte del Inglés y del Francés.

Cuando Pablo y Silas le dijeron al carcelero: "Cree en el Señor Jesucristo, y serás salvo" (Hechos 16:31, KJV), los apóstoles no quisieron decir que asintieran meramente al hecho de que Jesús era Dios, que había sido crucificado, que había prometido perdonar nuestros pecados, como la única participación del hombre en su salvación. Una traducción más exacta diría: "Ten fe en el Señor Jesucristo". Tal como lo veremos, esa fe consiste en mucho más que concordar con una serie de hechos, más que una convicción mental, más que una aceptación pasiva de la obra de Dios por nosotros sin una cooperación activa de nuestra parte al aceptar las condiciones del regalo de Dios.

La principal razón para el mal entendimiento de "fe" (y de ahí lo que está detrás de la confusión idiomática) es que ha surgido un mal entendimiento radical de cómo Dios salva a los hombres y mujeres, un mal entendido que existió mucho antes que Jesús viviera y muriera. La infeliz perversión surgió tempranamente en la iglesia cristiana. Aun cuando la iglesia retuvo las palabras de la Biblia, ellas permanecieron como etiquetas mal colocadas, pegadas en la emergente perversión de la doctrina. Esos términos como "fe", "amor" e "iglesia" recibieron nuevos significados, porque los principios cristianos básicos se habían contaminado.

Entonces el problema se convirtió en algo mucho más importante, en vista del mal entendimiento histórico. ¿Qué significa fe? Si Dios pide más que un asentimiento mental o una convicción mental, ¿qué es entonces? ¿Cómo un concepto correcto de fe afecta nuestro punto de vista sobre justificación por la fe, justicia por la fe, o "la fe de Jesús" en Apoc. 14:12? ¿De qué manera la distorsión de fe condujo a la distorsión de casi todas las demás doctrinas bíblicas?

Capítulo 3: ¿Qué, Entonces, Es La Fe Bíblica?

Tal como lo hemos visto, usamos diariamente la palabra fe para describir muchas emociones humanas, yendo de una creencia casual a una profunda convicción. También observamos que empleamos la palabra fe para mostrar una relación personal con personas buenas y también con personas malas. En otras palabras, habitualmente usamos fe de una manera general sin precisión de significado, así como hemos usado mal la palabra amor.[7]

En general, fe describe un proceso mental a través del cual creemos algo sobre la base de una evidencia o autoridad, sobre la cual hemos colocado un valor y un acto de acuerdo con ello. Esa evidencia o autoridad puede, o no, ser en sí misma confiable, esto es, "realmente digna de nuestra fe". La humanidad ha cometido muchas cosas tontas y hasta horribles, y también una larga lista de actos recomendables, en el nombre de la fe sincera. Pero la fe como un proceso mental, no es ni buena ni mala, ni correcta ni errada. Es simplemente aquel proceso a través del cual una persona cree lo que le parece a él o a ella ser creíble, y actúa de acuerdo con eso. El valor de la fe de una persona depende de lo que él o ella elige para creer. No depende la cualidad de la persona o del concepto que comanda o envuelve la convicción, la fidelidad, el compromiso.

Consecuentemente, el error no se convierte en verdad meramente porque una persona tenga fe en eso. La fe en el error no produce el fruto de la verdad, no importa cuán sincera la persona pueda ser. Un autor lo dijo bien: "La fe es el medio por el cual la verdad o el error encuentran abrigo en la mente. Por el mismo acto de la mente se recibe la verdad o el error, pero hay una gran diferencia en que creamos la Palabra de Dios o los dichos de los hombres". (1MS:406).

La fe bíblica, sin embargo, es específica y única. Describe a la persona que elige creer, confiar, y obedecer a Dios. Este principio es vital, el objeto de la fe decide su valor. ¡Así, es muy importante que creamos, en lo que tenemos fe, y que sea realmente la verdad! Tal vez la única definición bíblica categórica de fe es Heb. 11:1. "Fe es estar seguro de lo que esperamos y ciertos de lo que no vemos" (NIV).

---

[7] Algo infeliz ha sucedido con el significado de la palabra "amor" cuando decimos: "Amo las frambuesas", "amo a mi hijo", "amo a mi esposa", "amo las puestas de sol", "amo estar solo", "haga el amor y no la guerra".

Entonces el autor, sabiendo que una definición fría nunca sería suficiente, se apresura a escribir un largo capítulo que se ha convertido en un clásico en el mundo de la literatura. Él lo muestra en tres dimensiones, en un color vivo.

"Por la fe" sabemos que los "hombres de antaño recibieron divina aprobación" (versículo 2); "Abel le ofreció a Dios un sacrificio más aceptable" (versículo 4); "Enoc fue tomado de tal manera que no viera la muerte" (versículo 5); "Noé… construyó un arca; … y con eso condenó al mundo y se convirtió en un heredero de la justicia que proviene de la fe" (versículo 7); "Abraham obedeció; … y salió, sin saber adónde iba" (versículo 8); "la misma Sara recibió poder para concebir" (versículo 11); "Moisés, cuando nació, fue escondido durante tres meses por sus padres" (versículo 23); "Moisés, cuando creció, se rehusó a ser llamado el hijo de la hija de Faraón" (versículo 24); "dejó Egipto, no temiendo la ira del rey" (versículo 27); "el pueblo cruzó el Mar Rojo" (versículo 29); "las paredes de Jericó cayeron" (versículo 30); hombres y mujeres "conquistaron reinos, forzaron la justicia, recibieron promesas, cerraron la boca de leones, apagaron fuegos furiosos, escaparon del filo de la espada, obtuvieron fortaleza de la debilidad, fueron poderosos en la guerra, e hicieron que ejércitos se dieran a la fuga"· (versículos 33-34).

Esos hombres y mujeres fueron héroes incomunes de su generación. No se desvanecieron ante el papel de empapelar ni armonizaron con el espíritu de su época. Aun cuando es fácil recordarlos por sus extraordinarios logros, nunca debemos olvidarnos que fue su fe la que hizo posible la razón por la cual los honramos. Cuando repasamos los resultados de la fe que Dios aprueba, es obvio que esa fe consiste de algo más que una mera creencia mental, algo más que entusiasmo y celo. La fe bíblica firme era el camino – el único camino recto – de cada uno de ellos relacionados con Dios. Envolvía (a) un correcto entendimiento del plan de Dios para ellos, (b) la voluntad de responder como Él quería, y (c) una confianza total de que Él continuaría haciendo Su parte si los seres humanos hacían la suya.

Para todos los héroes de la Biblia, la fe era decirle "si" a Dios, con cualquier cosa que Él mandara. La fe era creer, confiar, obedecer y la más profunda convicción toda envuelta en una alegre compañía con su Señor y Maestro.

Al analizar la definición de fe de Pablo en Heb. 11:1, y su definición subsiguiente a lo largo del capítulo, sirve de ayuda el observar que la palabra hupostasis en el versículo 1 traducida como "sustancia" (KJV), o "seguridad" (RSV), o "estado seguro de" (NIV) significa literalmente "algo colocado bajo", esto es, un fundamento, o una base. En los tiempos del Nuevo Testamento a menudo se empleaba la misma palabra Griega para darle el nombre a su propiedad. El pedazo de papel, la escritura, no era la propiedad que uno tenía, sino que representaba a esa propiedad. La base del dueño por confianza, servía como una prueba válida de que la propiedad existía y que el poseedor era el dueño, ya sea que haya visto alguna vez la propiedad o no.

La palabra elegchos también en el versículo 1, traducida como "evidencia" (KJV), o "convicción" (RSV), o "estando cierto de" (NIV), se refiere a cualquier cosa que sirva para convencer o persuadir. Así, en la Biblia, la definición de fe incluye un "corazón" y también una convicción mental. La fe bíblica "conoce". Una de las bases de lo que las Escrituras dicen de Dios, es que Él es digno de confianza. Todo lo aprendido a través de la experiencia de la fe es profunda y persuasivamente firme. Por la fe, cualquier cosa que Dios haya prometido, nosotros ya lo poseemos en parte porque ya lo hemos experimentado en parte (Efe. 1:13-14, 17-19; 2 Cor. 1:22; 1 Juan 2:3-6). Así podemos disfrutar de las promesas futuras en algún grado ahora. Ese tipo de seguridad fue profundamente satisfactorio para un Adán de otra manera triste, a un Abraham de otra manera desconcertado, a un Isaías o Jeremías que de otra manera vería solo futilidad y derrota.

Cualquiera que sean los argumentos sutiles de la lógica terrenal, cualquiera que sea el silencio sepulcral que los ojos y oídos humanos perciban en la búsqueda del significado, a través de una investigación de laboratorio solamente, el hombre o mujer de fe tiene buenas razones para las conclusiones de su fe. Al percibir en las descripciones de hombres y mujeres de fe en Hebreos, la fe bíblica envuelve el intelecto, la voluntad, y el compromiso. Pero no es ninguno de ellos en sí mismos. Esa fe es simplemente todo el hombre diciéndole si a Dios, sabiendo por una evidencia objetiva y por una experiencia personal, que no hay ningún engaño, nada irreal o vacío acerca de lo que Dios ha dicho o de lo que él ha experimentado. El hombre o la mujer de fe sabe que Dios es digo de ser creído, que vale la pena confiar en Él, que vale la pena obedecerle, porque él o ella ha aprendido la seguridad creyendo personalmente, confiando y obedeciendo.[8]

---

[8] "Así, a través de la fe, ellos vinieron a conocer a Dios a través de un conocimiento experimental. Ellos han probado por sí mismos la realidad de Su palabra, la verdad de Sus promesas. Ellos han comprobado, y saben que el Señor es bueno. El amado Juan tenía un conocimiento obtenido a través de su propia experiencia. Él podía testimoniar: ... (se cita 1 Juan 1:1-3). De modo que cada cual puede, por medio de su propia experiencia, atestiguar "que Dios es veraz" (Juan 3: 33). Puede dar testimonio de lo que él mismo ha visto, oído y sentido acerca del poder de Cristo. Puede testificar de este modo:

A lo largo de toda la Biblia, la palabra fe en Inglés es usada para describir la respuesta adecuada de una persona a su Creador y Redentor: "Y sin fe es imposible agradarle" (Heb. 11:6). Aquellos de fe agradan a Dios porque han aprendido a confiar en Él como un Padre que los cuida. Ellos le abren sus vidas de tal manera que pueden compartir libremente Sus riquezas con ellos, proveyendo para sus necesidades especiales en un mundo impío. La fe llama al intelecto de una persona, a la voluntad, y a la confianza.

De hecho, los hombres y mujeres de fe simplemente viven para agradar a su Padre celestial. Agradar a Dios es su motivación más alta y apremiante. Los de fe creen, a través del estudio de la Biblia, que Dios es la Persona que creó a la humanidad a Su propia imagen, como contrapartida personal de quien podía disfrutar de un compañerismo mutuo: "porque el que se acerca a Dios, necesita creer que existe, y que recompensa a quien lo busca". (Heb. 11:6). El registro bíblico despierta la conciencia intelectual, pero la experiencia personal lo valida. Dios realmente "recompensa" de maneras que evocan aun mayor confianza y compromiso. Toda la experiencia de despertar hasta el compromiso es toda de fe, es el acto de toda la persona.

Ellos también saben a través de experiencia, que los hombres y mujeres pueden intentar ignorar a Dios y rechazar Sus brazos extendidos de reconciliación. Los hombres y mujeres de fe también han descubierto que Dios no se va tan fácilmente, que nadie puede ignorarlo por mucho tiempo. Debido a que Él está siempre haciendo conocida Su presencia, ellos han aprendido que la humanidad puede ser responsable o irresponsable, pero no sin respuesta. "Porque lo que se puede conocer de Dios, es manifiesto a ellos, porque Dios se lo manifestó… de modo que no tienen excusa". (Rom. 1:19-20). En todas partes, cualquiera que sea la cultura, la paradoja inolvidable de la humanidad de la falla moral y del orgullo sofocante, señalan la realidad de la pérdida de la humanidad separada de Dios, separada de una fe relacional con su Señor.

La arrogancia humana y el seco despertar de la humanidad para el sentimiento de culpa, forma lo opuesto a la experiencia de la fe. El pecado de Adán y Eva – la semilla de todo pecado – fue que ellos desconfiaron de Dios. Fue el comienzo de la arrogancia y la rebelión humana. La fe genuina se evaporó cuando ellos colocaron más confianza en el Engañador que en Dios. Su intelecto, voluntad y compromiso se volvieron hacia otro que

---

'Necesitaba ayuda y la encontré en Jesús. Toda necesidad fue suplida, el hambre de mi alma fue satisfecha; la Biblia es para mí la revelación de Cristo. Creo en Jesús porque para mí es un Salvador divino. Creo en la Biblia porque he descubierto que es la voz de Dios para mi alma". (LMG:252).

apelaba a su razón pervertida, a la auto-indulgencia, y a la auto-seguridad. Cautivados intelectualmente, creyendo sinceramente que el Engañador tenía algo de valor al escucharlo, eligiendo encontrar por sí mismos, dejando a Dios a un lado, permitiendo que el Engañador los persuadiera y que todo iba a salir bien, ellos desarrollaron una monstruosa perversión de la fe, fe mal colocada, fe con una nueva persona para confiar en ella. Pero del lado de Dios, esa fe mal colocada, se convirtió en desconfianza. Y la desconfianza planta extrañas semillas en el alma humana, semillas que no pueden meramente "ser dejadas a un lado", aun si son perdonadas. Se les permitió crecer, de tal manera que todos pudieran ver las consecuencias de una "fe quebrada" con Dios.

La desconfianza es rebelión, lo opuesto de fe. Fomenta la auto-voluntad, la antítesis de amor. La rebelión, la auto-voluntad (el yo), es pecado. El pecado destruye el compañerismo, suaviza la conciencia, y ahoga la esperanza. El único camino de vuelta hacia todo lo que se ha perdido a través del pecado, es el camino de la fe.

El evangelio muestra el mapa de vuelta. Pablo declaró que el fin de la revelación de Dios, el propósito de la proclamación cristiana, era despertar la fe: "Al que puede confirmaros según mi evangelio y la predicación de Jesucristo, según la revelación del misterio oculto desde los tiempos eternos, pero manifestado ahora, y que mediante las Escrituras de los profetas, y por disposición del Dios eterno, se ha dado a conocer a todas las naciones para que obedezcan a la fe". (Rom. 16:25-26; ver también 1:5).

Aquellos que escuchan el evangelio descubren que el camino de vuelta a la paz, al relacionamiento feliz con Dios, hace volver sobre los pasos de la rebelión. La desconfianza se vuelve confianza, la rebelión se vuelve obediencia, el odio se vuelve amor, la independencia se vuelve compañerismo. Pero todo proviene de la fe, esa actitud que confía, obedece, ama y produce compañerismo.

La fe, nuestra respuesta a la iniciativa de Dios, es nuestro acto personal que responde a la gracia, el acto personal de Dios. Dios se revela a Sí mismo como un Señor preocupado, amoroso. Pero Su revelación verdaderamente cumple su propósito solamente cuando los de la fe Lo llaman Señor y actúan de acuerdo con eso. La gracia de Dios permanece frustrada hasta que la fe de los hombres y mujeres aceptan la provisión de la gracia. Ellos frustran Su gracia hasta que actúan de la única manera que la fe puede hacerlo, en confianza y obediencia hacia Dios y en amor hacia los demás, Pero tal como lo dijimos anteriormente, la fe bíblica no hace saltos de convicción meramente en la base de la intuición, de la razón humana, o de la profunda emoción. La fe bíblica – la de Noé,

Abraham, Daniel, Pablo – descansaba en una evidencia persuasiva objetiva, de que lo que uno creía era real. Pero no descubrimos ese "conocimiento" de la fe de la misma manera en que leemos la información normal.

Es un tipo especial, sui generis. El conocimiento de la fe no es algo que los hombres y mujeres adquieren por sí mismos, sino que es, más bien, un estado, o una experiencia, de comprender y de ser desafiado.

Desde un punto de vista, los hombres y mujeres de fe, en vez de ser los conocedores, son los conocidos, y Dios es el Conocedor. En otras palabras, el conocimiento de la fe no resulta de la lógica humana, de una diligente investigación científica, de un estudio histórico, o aun probando los sentimientos internos y la intuición. Podemos confirmar la realidad de la fe usando uno o todos los métodos normales para descubrir la verdad, pero el conocimiento de la fe les proviene a los hombres y mujeres igual que el conocimiento les proviene a cualquier otra persona, a través de una confrontación personal, cara a cara, y no meramente a través de recortes de diario, el ánimo a través de amigos mutuos, o aun de cartas intercambiadas.

En el encuentre entre Dios y el hombre, la reunión de la gracia y la fe, los hombres y mujeres enfrentan a su Creador, el cual también quiere ser su Señor. Cuando Él dice: "Yo soy el Señor vuestro Dios", Él quiere decir: "Ustedes son Mí propiedad". Repentinamente surge el absurdo de los seres creados de hacer ostentación del consejo de su Creador y Señor.

Pero para entender a Dios como Señor sin conocerlo a Él como Amor, eso les daría un súper poder a los hombres y mujeres y los conduciría a un profundo desespero. Esa es la razón por la cual la Gracia siempre proviene a través del amoroso Señor, como el Dios Padre. Escuchamos a Dios llamándonos de hijos e hijas y vemos una sonrisa en Su rostro, sin condenación (Juan 3:17).

Pero el conocimiento de la verdad es más que las Buenas Nuevas aprendidas acerca de Dios. La fe también encuentra la verdad acerca de la humanidad. En el acto de la fe, cuando llamamos a Dios, de Señor, y al mismo tiempo reconocemos que somos rebeldes que hemos insistido en nuestro propio camino. "Tú eres el Señor", dice la fe. "Yo no me pertenezco a mí mismo, sino que a Tú". De hecho, nadie cree realmente que está perdido, un rebelde en necesidad de ayuda, sin simultáneamente decirle "si" a Dios y caer a Sus pies buscando perdón y poder.

En otras palabras, la fe no surge en la experiencia humana hasta que la persona entiende su desesperada necesidad, su condición de perdido al mirar al futuro, su falta de poder al ver el presente, su culpa al mirar el pasado. Pero una persona no comprende su condición excepto a través de una experiencia personal con la fe. Solamente entonces la persona acepta el análisis de Dios del predicamento humano.

Todos escuchan el mismo mensaje de la culpa humana y del amor divino del "Invasor Amoroso", ya sea que venga de la voz de la conciencia, de las obras de la naturaleza, de las providencias históricas, o del llamado de las Escrituras. Los hombres y mujeres de fe, sin embargo, permiten que Dios quiebre su perímetro de arrogancia e independencia. El rebelde rechaza la culpa y la falla moral, la explica lejos, y permanece siendo su propio señor. Los de fe aceptan la realidad de su situación, que son pecadores que le han dado la espalda a su Creador y Señor, que la esperanza en la misericordia y poder del Señor es exactamente lo que ellos necesitan.

La fe es lo opuesto al pecado. Los hombres y mujeres de fe confían en Dios y voluntariamente Le obedecen. El pecador desconfía de Dios y continúa en su estado de relacionamiento quebrado, rebelión, y auto-afirmación (Ver Rom. 14:23).

La experiencia de Pedro en Cesarea de Filipo (Mateo 16) nos da un ejemplo de cómo la fe se desarrolla, cómo la convicción intelectual y el compromiso de corazón su sumerge en un entendimiento del significado de la vida. La fe bíblica no es mera esperanza, no es una resignación ciega, no es una confianza contraria a la evidencia. La experiencia de la fe cristiana es una roca sobre la cual los hombres pueden tomar sus decisiones y construir sus futuros sin temor o ansiedad. Pedro y sus colegas fueron lentamente aprendiendo todo esto, pero en Cesarea de Filipo, la experiencia de fe tomó un nuevo foco. Muchos se refieren a ese día como siendo el comienzo de la iglesia cristiana. Después de todo, ¿por qué fue Jesús capaz de cambiar Sus métodos de enseñanza con Sus discípulos después de ese grandioso episodio (Mat. 16:21)? ¿Por qué fue capaz de hacer esas asombrosas promesas en la base de la declaración de Pedro (versículo 16), que a primera vista parecía insípida y ordinaria?

La pregunta de nuestro Señor a Pedro vino en una hora decisiva en Su ministerio. Él y los doce habían recién dejado Galilea después de varios días de presión en la enseñanza, la sanación, y de eludir a líderes hostiles de la iglesia, los cuales los acosaban a cada rato. Pero Jesús estaba ahora solo con Sus amigos más íntimos en la tierra, y Él sabía que el tiempo se estaba escurriendo.

Si alguien hubiese querido llevar adelante Su misión, eso debería haber venido de Su pequeño grupo de los doce. Luego sería el único vínculo visible entre el plan de Dios de salvación y un mundo perdido. Ellos debían mantener Su papel de Salvador de la humanidad, Ejemplo, y Substituto de la humanidad. ¿Entendieron ellos mismos Su misión? ¿Estaban ellos convencidos? ¿Su convicción sería persuasiva y convincente para otros que ni siquiera habían visto a Jesús? Después de todo, los hombres y mujeres estaban teniendo dificultad para entender a Dios, cuando Él mismo hizo la explicación. En esas circunstancias Él les colocó a Sus discípulos, por primera vez, al parecer, la pregunta: "¿Pero quién dicen ustedes que yo soy?" (Mat. 16:15).

¿Por que Jesús hace esa pregunta? Si Él no fuese lo que es, nosotros diríamos que fue algo fuera de lugar y de concepto. ¿No podía Jesús haber simplemente declarado quién era Él, si sabía quién era y esa era la más importante información del mundo (Juan 17:3)? El hecho que Jesús no declara Él mismo Su estatus, nos conduce derecho al corazón del evangelio y del significado de la fe.

Jesús presentó una pregunta en vez de autoritativamente declarar Su Señorío, porque Él sabía que la fe nunca es el resultado de una mera instrucción, no importa cuánto uno conozca la doctrina bíblica. Esto es, la fe bíblica no proviene al final de una enseñanza teológica o de un argumento doctrinal. No es algo trabajado solamente en la cabeza. Esa es la razón por la cual, después de la respuesta de Pedro, Jesús pudo responder: "¡Dichoso eres, Simón hijo de Jonás; porque no te lo reveló carne ni sangre, sino mi Padre que está en los cielos!" (Mat. 16:17). Si la fe fuese el resultado solamente del conocimiento, entonces aquellos que no poseen un grado teológico en el colegio y un grado de graduación en un seminario, no tendrían mucha oportunidad.

Cuando Pedro dijo: "Tu eres el Cristo, el Hijo del Dios vivo" (versículo 15), él estaba respondiendo a algo más que una evidencia física o a argumentos lógicos. Durante tres años, muchos miles de personas habían escuchado mucho de lo que Pedro había escuchado. Ellos habían visto lo que Pedro había visto. Pero aquellos mismos miles ayudaron a crucificar a quien Pedro llamó de Señor. En otras palabras, la mayoría de los que sabían más acerca de Jesús, que lo que jamás sabremos a este lado de Su segunda venida, jamás dieron el salto de la fe. Conocer acerca del Jesús histórico – cómo nació, qué hizo durante los 33 años de Su vida, cuándo murió, y aun por qué – todo eso puede hacer a una persona doctrinalmente ortodoxa, pero aun no es fe. Esa es la razón por la cual Jesús hizo la pregunta: "¿Pero vosotros quién dicen que Yo soy?" Mientras otros hombres y mujeres dicen solamente Jesús de Nazaret, Pedro Lo percibió como Señor.

Todo lo que Jesús había dicho acerca de Pedro como una persona, tuvo el sentido de realidad para él –cada sugerencia de Jesús que Pedro siguió en su propia vida, tuvo una auto-autenticación real que habló más fuerte que las mismas palabras. Pedro, representado a sus colegas, llamó a Jesús el Señor, no porque tuviese evidencias especiales negadas a todos los demás, sino porque estaba dispuesto a negar su libertad irracional, su vida auto-centrada, en obediencia a Uno que habló y actuó como Dios.

Jesús podía ver que había estado quebrando la cabeza y el corazón de Pedro, como no lo había hecho con las multitudes. "Pedro, estás entendiendo lo que estoy tratando de hacer. Ahora ves que habría sido sin sentido proclamarme como Dios; muchos otros se han llamado a sí mismos dios. ¡Todo lo que puedo hacer es revelarme a Mí mismo como la Verdad, y explicar por qué hago lo que hago, y esperar, esperar que tú veas y creas y confíes! ¡Yo tengo que esperar que la fe nazca!

En la respuesta de Cristo al reconocimiento de Pedro, podemos ver el proceso interno de la verdadera fe. Todos, en alguna medida, han escuchado la voz del "Padre que está en el cielo". Pero no todos los hombres y mujeres responden a eso tal como lo hizo Pedro. No todos se ven a sí mismos culpables rebeldes en necesidad de perdón y poder, criaturas perdidas sin su Creador.

Pero para Pedro fue un tiempo de decisión. Él estaba listo para sumergirse en la Voz de adentro con un llamado externo que él descubrió en Jesús de Nazaret. Lo que Jesé era y dijo corresponde al despertamiento en su corazón. Su afirmación de fe fue la de un rebelde capitulando. Esta fusión de una convicción interna (basada en la enseñanza, en la voz suplicante del Espíritu Santo [Mat. 16:17])[9] y una evidencia externa del Jesús histórico, es la base de la fe bíblica.

---

[9] 9 "La verdad que Pedro había confesado es el fundamento de la fe del creyente... Cuán débil parecía la iglesia cuando Cristo pronunció estas palabras. Se componía apenas de un puñado de creyentes contra quienes se dirigía todo el poder de los demonios y de los hombres malos; sin embargo, los discípulos de Cristo no debían temer. Edificados sobre la Roca de su fortaleza, no podían ser derribados... Pedro había expresado la verdad que es el fundamento de la fe de la iglesia, y Jesús le honró como representante de todo el cuerpo de los creyentes... La Roca de la fe es la presencia viva de Cristo en la iglesia. De ella puede depender el más débil, y los que se creen los más fuertes resultarán los más débiles, a menos que hagan de Cristo su eficiencia". (DTG:380, 383).

Nosotros encontramos a Jesús hoy de la misma manera que Pedro descubrió a Dios en Jesús. La pregunta nunca ha dejado de ser actual. Las torres sin tiempo de Aquel que cubre los destrozos del tiempo, y las palabras descienden a lo largo de los años: "¿Pero quién dicen vosotros que Yo soy?"

"¿Solamente un maestro? Entonces ustedes me van a considerar meramente un ideal. ¿Solamente un profeta? Entonces ustedes van a buscar a otro, para que les diga la verdad acerca de Dios, pero no lo encontrarán. Pero si Yo soy Dios, entonces no pueden deshacerse fácilmente de Mí. Si Yo soy Dios, entonces lo que Yo les digo es más exacto que cualquier cosa que el hombre pueda pensar. Sin embargo, no significará nada para ustedes a menos que estén dispuestos a confiar en Mí. Solamente escuchándome a Mí estarán seguros en cuanto a vuestro propio valor personal. Y solamente obedeciéndome a Mí, estarán seguros que lo que están haciendo es significativo, que la vida tiene un propósito. Si ustedes no escuchan ni obedecen, entonces nunca estarán seguros con respecto a ninguna cosa, nunca".

Los hombres y mujeres de fe han aprendido todo esto. El fundamento de la fe es el relacionamiento personal del cristiano con Jesús de Nazaret, la Roca de la fe 9 . Pero Jesús no es "roca" para aquellos que no Lo llaman Señor. Pero para los hombres y mujeres de fe "los poderes de la muerte [infierno] no prevalecerán contra ella" (versículo 18). Esa es la razón por la cual uno puede decir acerca de Jesús cuando Él enfrentó el infierno y la muerte como ningún hombre lo ha hecho jamás: "Por la fe, Cristo fue victorioso" (DTG:756).[10] Solamente la fe puede establecer una defensa que Satanás no puede penetrar. La roca de la fe tiene que ser una roca personal. La experiencia de otro no funcionará. La fe que mantiene el equilibrio cuando las tormentas arrecian y todo en la tierra parece desintegrarse, no tiene nada que otra persona pueda prestar.

El aceite que las vírgenes fatuas (Mateo 25) trataron de obtener, fue la fe de sus compañeras. Ellas aprendieron para su espanto, que uno tiene que construir su propia fe, así como uno tiene que respirar por sí mismo. Esa fe transforma a los hombres y mujeres. Es más que una experiencia intelectual, más que una elevación emocional. La fe cambia a toda la persona, sea lo que fuere que ella piensa, sea como sea su relacionamiento con las personas con que ella se encuentra, ya sean hombres o Dios. Aun hoy, la fe hace posible un fresco testimonio a la observación de Pablo: "Si alguien está en Cristo, nueva criatura es" (2 Cor. 5:17). En otras palabras, la fe es más que meramente

---

[10] Nota del Traductor: Paginación en Inglés.

creer, es un suceder. Algo mucho más que meramente creer y sentir, ocurre con la fe. Un nuevo poder, un nuevo principio de acción, toma cuenta de la persona.[11]

Esa es la razón por la cual se puede decir tan claramente acerca de la fe: "Una fe nominal en Cristo, que lo acepta meramente como Salvador del mundo, no podrá nunca reportar 275 sanidad al alma. La fe que salva no es un mero reconocimiento intelectual de la verdad. Aquel que aguarda hasta tener conocimiento completo antes de querer ejercer fe, no puede recibir, la bendición de Dios. No es suficiente creer acerca de Cristo; tenemos que creer en él. La única fe que nos beneficiará es la que lo acepta como Salvador personal; la que se apropia de sus méritos para nosotros mismos. Muchos estiman la fe como una opinión. Pero la fe salvadora es una transacción, por la cual aquellos que reciben a Cristo se unen a Dios por un pacto. La fe verdadera es vida. Una fe viva significa un aumento de vigor, una confianza implícita, por la cual el alma llega a ser una fuerza vencedora". (OE:274-275).

La fe bíblica, entonces, es la respuesta adecuada del hombre a la iniciativa de Dios. Los que tienen fe son rebeldes convertidos. Pensando y concordando con Dios no es suficiente, ni tampoco es sentirse calientito acerca de Él. Meramente diciéndole al mundo que Jesús era Dios y el Señor del universo, y que Él ha perdonado a todos los transgresores, no hará de los hombres y mujeres seres salvables.

Nuestras vidas demuestran la fe bíblica en el mundo de ser y hacer, no solo en el porche frontal de una creencia intelectual. "No es suficiente que creamos que Jesús no es un impostor, y que la religión de la Biblia no consiste en fábulas arteramente compuestas. Podemos creer que el nombre de Jesús es el único nombre debajo del cielo por el cual el hombre puede ser salvo, y sin embargo, no hacer de él, por la fe, nuestro Salvador personal. No es suficiente creer la teoría de la verdad. No es suficiente profesar fe en Cristo y tener nuestros nombres registrados en el libro de la iglesia. 'El que guarda sus mandamientos, está en él, y él en él. Y en esto sabemos que él permanece en nosotros, por el Espíritu que nos ha dado'. 'Y en esto sabemos que nosotros le hemos conocido, si guardamos sus mandamientos'. Esta es la verdadera evidencia de la conversión. No importa cuál sea nuestra profesión de fe, no nos vale de nada a menos que Cristo se revele en obras de justicia.

---

[11] "En la fe genuina hay una alegría, un principio firme que ni el tiempo ni el uso pueden debilitar". (HHD:193).

La verdad ha de implantarse en el corazón. Ha de dominar la mente y los afectos. Todo el carácter debe ser amoldado por las declaraciones divinas. Cada jota y tilde de la Palabra de Dios ha de ser puesto en práctica en la vida diaria". (PVGM:254).

Para colocarlo de manera clara, vivir en la fe es vivir como Jesús lo hizo. El vivir en la fe desarrolla el carácter de Jesús. Reflejar el carácter de Jesús es el blanco de la fe.

Capítulo 4: La Fe, La Única Condición de la Salvación.

Tal vez la fórmula más clara de salvación, la expresión clásica de cómo los hombres y mujeres son salvos, es la declaración de Pablo: "Por gracia habéis sido salvos, a través de la fe" (Efe. 2:8). Pero como la humanidad ha mal entendido la naturaleza y función de al fe, esta fórmula ha sido el motivo de innumerables controversias, envolviendo aun la tortura y la muerte de millones. Satanás está furioso cando la verdad es simple y clara, y se agrada cuando la pervertimos.

Vemos la confusión siendo destacada cuando los católicos Romanos, los calvinistas, los Luteranos y los Wesleyanos Metodistas tratan de explicar ese texto los unos a los otros. El pasaje, sin embargo, declara que la salvación no proviene ni de la gracia ni de la fe solas. La salvación no proviene toda de Dios, ni tampoco toda del hombre. Si fuese solamente por la gracia, entonces no puede ser por la fe. Por otro lado, si solamente la fe provee nuestra salvación, no necesitaríamos la gracia, a menos que hagamos nuevas definiciones para la fe y para la gracia, sobre las cuales los escritores de la Biblia no estaban al tanto.

La elipse de la salvación-verdad con su foco de gracia y fe no debe ser manipulada ni reconfigurado. Para hacer la elipse de la salvación-verdad en un círculo, sobre enfatizando un foco o el otro, eso destruye la elipse de la verdad. Sobre enfatizar la gracia o la fe es distorsionar ambas, y entonces tenemos "otro evangelio" (Gál. 1:6, KJV).

Pablo simplemente dice que la fe es la condición que hace posible la salvación. La fe no es la causa, la gracia sí. Aun cuando la fe no posee mérito en sí misma, la ausencia de fe frustra la gracia. Aun cuando la gracia es la fuente de la salvación, podemos no tener salvación sin la fe.

La gracia es todo lo que Dios ha hecho, está haciendo y hará por la humanidad. Nuestras mentes humanas no pueden comprender a fondo todo lo que eso significa. Los escritores bíblicos han tratado de expresar la altura y la profundidad de la gracia con muchos términos y analogías: acciones judiciales en cortes de la ley, viña y ramos, sacrificios en el santuario, botines de guerra. Ninguno de los términos o analogías cuentan toda la historia; ellos ilustran apenas ciertos aspectos de ella. La gracia es lo que los hombres y mujeres necesitan para ser salvos. Es exactamente lo que los hombres y mujeres no tienen, ni nunca van a tener, por sí mismos.

Así la gracia encuentra a los hombres y mujeres en su necesidad. Pero en el plan de Dios, no puede salvarlos por sí mismos. Los hombres y las mujeres tiene que hacer algo también; ellos tienen que responder a la gracia. Al estar concientes de su necesidad, y concientes de que la gracia está despierta, ellos pueden apropiarse por sí mismos de la ayuda que ofrece la gracia. La fe es esa apropiación, o aceptación, de la gracia que permite hacer su obra en la vida del pecador. Así la fe permite que la gracia obre.[12]

Correctamente entendida, la definición de Pablo de cómo Dios salva a los hombres y mujeres, debiera haber servido como una barrera contra dos perversiones monstruosas que han dividido a las iglesias cristianas: (1) el antinomianismo, el concepto que la ley de Dios ya no tiene ninguna validez sobre los hombres y mujeres de fe (y existen varias variaciones de esta posición, tale como: a) usted no necesita guardar la ley; b) usted no puede guardar la ley; c) usted no debiera tratar de guardar la ley y ser un legalista); (2) la justificación por las obras, el concepto que aun los actos de valor de alguna manera, o merece el amor de Dios, satisface el amor de Dios, satisface las exigencias de la justicia, o ayuda a asegurar la salvación.

Aquellos que han infelizmente enfatizado la gracia en la fórmula de Pablo a expensas de reducir la responsabilidad de la fe, han malentendido la soberanía de Dios y la responsabilidad del hombre. Al pensar de esa manera, la fe tiende a convertirse en una aceptación pasiva de lo que Dios ha hecho. Para ellos, la responsabilidad del hombre radica en una aceptación intelectual de Su maravilloso don, regocijándose en el hecho que Jesús ha pagado el precio, y que nada más es necesario para la salvación de una persona. Lógica y éticamente (que la historia tan tristemente revela) ese tipo de pensamiento conduce a mirar en menos la disciplina, la preocupación obediente por el

---

[12] "La fe genuina se apropia de la justicia de Cristo y el pecador es hecho vencedor con Cristo, pues se lo hace participante de la naturaleza divina, y así se combinan la divinidad y la humanidad. El que está intentando alcanzar el cielo por sus propias obras al guardar la ley, está intentando un imposible. El hombre no puede ser salvado sin la obediencia, pero sus obras no deben ser propias. Cristo debe efectuar en él tanto el querer como el hacer la buena voluntad de Dios. Si el hombre pudiera salvarse por sus propias obras, podría tener algo en sí mismo por lo cual regocijarse. El esfuerzo que el hombre pueda hacer con su propia fuerza para obtener la salvación está representado por la ofrenda de Caín. Todo lo que el hombre pueda hacer sin Cristo está contaminado con egoísmo y pecado, pero lo que se efectúa mediante la fe es aceptable ante Dios. El alma hace progresos cuando procuramos ganar el cielo mediante los méritos de Cristo. Contemplando a Jesús, el autor y consumador de nuestra fe, podemos proseguir de fortaleza en fortaleza, de victoria en victoria, pues mediante Cristo la gracia de Dios ha obrado nuestra completa salvación". (1MS:426-427).

crecimiento del carácter y un énfasis disminuido sobre el rol del Espíritu Santo en la salvación de la humanidad.

Aquellos que erradamente han sobre enfatizado la fe en la fórmula de Pablo, han sobrestimado la habilidad de los hombres y mujeres para hacer el bien sin la ayuda de la gracia. Al fallar en aferrase de la magnitud y profundidad del pecado, ellos creen que una chispa divina de piedad alojada en cada uno, meramente esperando por la gracia de Dios para esparcirla. Ellos asumen que la humanidad necesita al Maestro más que al Salvador.

Dietrich Bonhoeffer habló claramente contra los dos errores teológicos que existen cada vez que los cristianos mal entienden la gracia y la fe. "La verdad es que mientras mantengamos ambos lados de la proposición juntas, ellas no contienen nada inconsistente con la creencia correcta, pero tan luego como una es divorciada de la otra, se produce una piedra de tropiezo. 'Solamente aquellos que creen [poseen fe] obedecen' es lo que les decimos a aquella parte de creyentes que obedecen, y 'solamente aquellos que obedecen, creen' es lo que les decimos a aquella otra parte de los obedientes que creen. Si la primera mitad de la proposición es dejada sola, el creyente queda expuesto al peligro de la gracia barata, lo cual es otra palabra dañina. Si la segundada mitad queda sola, el creyente queda expuesto al peligro de la salvación por las obras, que también es otra palabra dañina" (El Costo del Discipulado, pág. 58, New York: The Macmillan Company, 1959).

En otras palabras, la fe no es un don divino que provee la salvación para un grupo preseleccionado, sino que es una posibilidad hecha disponible para cualquiera, a través de la gracia (Tito 2:11). Aquí Juan calvino, y aun más sus seguidores, han cometido su fatal error. Un decreto divino no predetermina la salvación. Ni la fe es un don especial de gracia para los que "aceptan" a Cristo. La gracia no es el irresistible poder de Dios que "asegura" la salvación para aquellos seleccionados para recibir la fe. Dios no la envió para que fuera el labio de los hombres y mujeres que Lo alabara, mientras sus mentes y corazones continuaran viviendo en pecado. El Señor extendió Su gracia para hacer con que el pecado fuera aceptable a Dios, sino que para hacer a los hombres y mujeres aceptables a Dios destruyendo el pecado (Ver Hechos 10:35). Ayudando a Dios a llevar a cabo la obra de la gracia, es la cooperación divino-humana llamada fe.

La historia de Esaú y Jacob destaca cómo la gracia y la fe se encuentran. "No hubo una elección arbitraria de parte de Dios, por la cual Esaú fuera excluido de las bendiciones de la salvación. Los dones de su gracia mediante Cristo son gratuitos para todos. No hay elección, excepto la propia, por la cual alguien haya de perecer. Dios ha expuesto en su Palabra las condiciones de acuerdo con las cuales se elegirá a cada alma para la vida eterna: la obediencia a sus mandamientos, mediante la fe en Cristo. Dios ha elegido un carácter que está en armonía con su ley, y todo el que alcance la norma requerida, entrará en el reino de la gloria. Cristo mismo dijo: 'El que cree en el Hijo, tiene vida eterna; mas el que es incrédulo al Hijo, no verá la vida'. 'No todo el que me dice: Señor, Señor, entrará en el reino de los cielos: mas el que hiciere la voluntad de mi Padre que está en los cielos'. (Juan 3:36; Mat. 7:21). Y en el Apocalipsis declara: 'Bienaventurados los que guardan sus mandamientos, para que su potencia sea en el árbol de la vida, y que entren por las puertas en la ciudad'. (Apoc. 22:14). En cuanto a la redención final del hombre, ésta es la única elección que nos enseña la Palabra de Dios.

Es elegida toda alma que labre su propia salvación con temor y temblor. Es elegido el que se ponga la armadura y pelee la buena batalla de la fe. Es elegido el que vele en oración, el que escudriñe las Escrituras, y huya de la tentación. Es elegido el que tenga fe continuamente, y el que obedezca a cada palabra que sale de la boca de Dios. Las medidas tomadas para la redención se ofrecen gratuitamente a todos, pero los resultados de la redención serán únicamente para los que hayan cumplido las condiciones". (PP:207-208).

En otras palabras, Dios inicia, los hombres y mujeres responden. Dios explica lo que tiene que3 ser hecho, y los hombres y mujeres cooperan. El Señor posee el perdón y el poder, y Él espera en la voluntad humana para que se aferre de Su mano. A Su lado está toda la gracia, mientras que a nuestro lado está toda la fe, fe que permite que toda la autoridad de Dios pueda hacer Su voluntad. La esencia de la doctrina del santuario, enseñada en el simbolismo del Tabernáculo y expandida en la proclamación del Nuevo Testamento, es esta gran elipse de la verdad: "Otra lección debía enseñar el tabernáculo mediante su servicio de sacrificios: La lección del perdón del pecado y el poder de obedecer para vida, a través del Salvador". (Ed:36).

Desde el primer susurro de la gracia convidando al pecador a buscar al Salvador, a través del periodo de crecimiento, hasta el pecador transformado "refleja la imagen de Jesús totalmente" (PE:71), es la misma gracia operando, buscando su objetivo original de reconciliar hombres y mujeres a Sí mismo. Su objetivo es cambiar la humanidad, en "una nueva creación", "de tal manera que en Él podamos ser la justicia de Dios" (2 Cor. 5:17,

21) [13]. Pablo dice: "Así, siendo colaboradores con Dios, os exhortamos a que no recibáis en vano la gracia de Dios". "Así, amados, ya que tenemos tales promesas, limpiémonos de toda impureza de la carne y del espíritu, perfeccionando la santificación en la reverencia a Dios". (2 Cor. 6:1; 7:1).

Desde la primera respuesta de fe, declarando nuestra desdicha y necesidad, aceptando el perdón de Dios (la experiencia de la justificación), a través de nuestro crecimiento en la gracia (la experiencia de la santificación), hasta la madurez cristiana, revela "la madurez de la plenitud de Cristo". (Efe. 4:13), que es la misma fe operando.

Los escritores bíblicos no enseñan ninguna distinción en la gracia o en la fe entre sus funciones en la justificación y en la santificación. La aparente diferencia no es en el tipo, sino que en el grado. Las Escrituras ven la gracia hablándole al pecador, ofreciéndole perdón y aceptación. Ella ve la gracia ofrecida a los hombres y mujeres de fe, como poder para vencer el pecado, para desarrollar un carácter positivo, semejante al de Cristo. La gracia (la iniciativa de Dios para salvar a los hombres y mujeres de sus pecados) es siempre perdón y poder para cuanto el hombre los necesite, hasta que Jesús vuelva. Pablo lo dijo claramente: "Acerquémonos, pues, con segura confianza al trono de la gracia, para alcanzar misericordia y hallar gracia para el oportuno socorro". (Heb. 4:16).

La fe que acepta el perdón (sabiendo que una persona no puede hacer nada para merecerla) es, al comienzo, una respuesta pasiva, la fe extiende su vacío, las necesitadas manos para las misericordias de Dios. Pero al aceptar y cooperar con la gracia en vencer las tendencias heredadas y cultivadas al pecado, uno asume una respuesta activa. No estamos describiendo dos tipos de fe, ni tampoco dos lados de una hoja de papel, que puede volverse en dos pedazos separados. La misma fe acepta el perdón y el poder, porque esos dones son exactamente lo que la fe sabe que son necesarios. A pesar de su función ya sea en la justificación o en la santificación, la fe aun es el acto de toda la

---

[13] "Dios habría de manifestarse en Cristo, 'reconciliando consigo al mundo'. El hombre había sido degradado tanto por el pecado que era imposible para él, en sí mismo, entrar en armonía con Aquel cuya naturaleza es pureza y bondad. Pero Cristo, después de redimir al hombre de la condenación de la ley, podía impartir poder divino que se uniría al esfuerzo humano. Así, por el arrepentimiento para con Dios y la fe en Cristo, los hijos caídos de Adán podrían nuevamente convertirse en 'hijos de Dios'. (1 Juan 3:2)". (DNC:11). "Es obra de la conversión y de la santificación reconciliar a los hombres con Dios, poniéndolos de acuerdo con los principios de su ley... Por los méritos de Cristo puede restablecerse la armonía entre el hombre y su Creador. Su corazón debe ser renovado por la gracia divina; debe recibir nueva vida de lo alto". (CS:520).

persona, no meramente una aceptación mental de, o un acuerdo con, lo que Dios quiere hacer para salvarnos de nuestro predicamento pecaminoso .[14]

Aun cuando inspirada y apoyada por Dios, la fe no es Su obra, sino que la nuestra, la respuesta humana al llamado de Dios. Para que los hombres y mujeres Le respondan en fe, Dios tiene que esperar. Él no puede, por la naturaleza de Su propio plan en crear a los hombres y a las mujeres como seres libres y morales, forzar la fe. Él puede apelar para que eso ocurra, puede obtenerla, pero nunca puede obligarla. Debido a que Dios nos hizo capaces de responder, somos responsables. La fe es responder adecuadamente a Dios, la experiencia de la verdadera responsabilidad de los hombres y mujeres.[15]

Consecuentemente, la fe no es una cualidad especial, no es algo en adición a la confianza, la obediencia, la alegría o el amor. En vez de eso, la fe es el término que los escritores bíblicos han usado para describir a la persona que confía, que obedece, que testifica de su Señor con alegría, que prueba su experiencia para ver si es genuina, por la manera en que él o ella vive. La fe es toda la persona haciendo todo lo que la persona agradecida puede hacer para mostrar gratitud, sinceridad y lealtad. Por esa razón nosotros hablamos de la experiencia de fe como la manera de Dios de restablecer el reino del amor. La fe no es genuina, no es completa, a menos que produzca una persona realmente amorosa.[16]

Juan Wesley lo dijo a menudo y bien: "La fe en sí misma, aun la fe cristiana, la fe de los elegidos de Dios, la fe de la operación de Dios, aun es la hechura del amor... Es el gran medio para restaurar aquel santo amor, donde el hombre fue originalmente creado". (Obras, Volumen V, pág. 462, 464).

La fe, entonces, no es solo una aceptación pasiva de las misericordias de Dios, sino que una respuesta activa a Su provisión de poder, para producir las obras de amor. "Pero

---

[14] "Muchos reconocen que Jesucristo es el Salvador del mundo, pero al mismo tiempo se mantienen apartados de él y no aprovechan la ocasión de arrepentirse de sus pecados y de aceptar a Jesús como a su Salvador personal. Su fe es simplemente el asentimiento de la verdad en su mente y en su juicio, pero la verdad no penetra en el corazón para que santifique el alma y transforme el carácter". (1MS:456-457).

[15] "La fe en Cristo como el Redentor del mundo exige un reconocimiento del intelecto iluminado, dominado por un corazón que puede discernir y apreciar el tesoro celestial. Esta fe es inseparable del arrepentimiento y la transformación del carácter. Tener fe significa encontrar y aceptar el tesoro del Evangelio con todas las obligaciones que impone". (PVGM:84).

[16] "La fe genuina siempre obra impulsada por el amor. Cuando miráis el Calvario, no lo hacéis para tranquilizar vuestra alma en el incumplimiento de vuestro deber, ni para disponeros a dormir, sino para generar fe en Jesús, una fe que obrará purificando el alma del fango del egoísmo. Cuando nos aferramos a Cristo por la fe, nuestra obra acaba de comenzar. Cada hombre tiene hábitos corrompidos y pecaminosos que deben ser vencidos mediante una lucha vigorosa. Cada alma tiene que pelear la batalla de la fe. El que es seguidor de Cristo no puede actuar con falta de honradez en los negocios; no puede ser insensible ni carecer de simpatía. No puede hablar con aspereza. No puede estar lleno de ostentación y amor propio. No puede ser dominante ni emplear palabras ásperas, y censurar y condenar. La obra de amor surge de la acción de la fe". (2MS:21-22)

nosotros por el Espíritu aguardamos la esperanza de la justicia que viene por la fe. Porque en Cristo Jesús ni la circuncisión vale algo, ni la incircuncisión. Lo que vale es la fe que obra por el amor". (Gál. 5:5-6). No podemos decirlo muy a menudo: La fe no es un fin en sí misma, es el medio de Dios a través del cual el rebelde se convierte en un amoroso y obediente hijo o hija.

El amor cristiano ofrece evidencia que una persona "ha nacido de Dios y conoce a Dios". (1 Juan 4:7). "El amor es el cumplimiento de la ley" (Rom. 13:10; ver también Gál. 5:14). ¿Podía Pablo decirlo de una forma más clara? "Por la gracia habéis sido salvos a través de la fe ", que obra por amor. Así, a lo largo de la vida de fe, el universo ve la intrínseca realidad del plan de salvación manifestado, validado y vindicado. Cuando Dios quiere salvar a los hombres y mujeres, es un asunto ético y no meramente judicial e impersonal.

Debido a la transformación ética de la fe genuina, la salvación por fe "golpea la raíz" de todas las distorsiones del cristianismo. Expone los errores aun en las buenas intenciones del sistema penitencial y su cuantificación del pecado y la vida moral inherente en el sistema Católico Romano. También señala la extrema sobre reacción durante los periodos de la Reforma, donde "solo por la fe" significa "por ningún esfuerzo humano", con la resultante reducción de la responsabilidad humana.

El error Católico y los excesos del Protestantismo, ambos perdieron el significado de fe, porque ellos raramente la vieron en su dimensión moral y de toda la persona. Los Reformadores tendieron a enfatizar la gracia de Dios y la expiación objetiva, mientras menospreciaban el plan de Dios para salvar a los hombres y mujeres, cambiando a los rebeldes en obedientes, a los hijos e hijas que reflejaban a Cristo. Para muchos, la salvación se convirtió en algo abstracto, intelectual y estéril, especialmente al usar términos tales como justificación como un evento despojado de la responsabilidad humana. Si la fe salvadora "sucede", ya sea como el resultado de un decreto divino o aun como el resultado de "aceptar" y "profesar" una idea teológica (doctrina), entonces carece extrañamente de elementos bíblicos de responsabilidad moral y de un "santo vivir" no coercitivo.[17]

---

[17] "No es suficiente que creamos que Jesús no es un impostor, y que la religión de la Biblia no consiste en fábulas arteramente compuestas. Podemos creer que el nombre de Jesús es el único nombre debajo del cielo por el cual el hombre puede ser salvo, y sin embargo, no hacer de él, por la fe, nuestro Salvador personal. No es suficiente creer la teoría de la verdad. No es suficiente profesar fe en Cristo y tener nuestros nombres registrados en el libro de la iglesia... No importa cuál sea nuestra profesión de fe, no nos vale de nada a menos que Cristo se revele en obras de justicia". (PVGM:254).

Las "obras" de responsabilidad humana inherentes en la fe bíblica son exactamente contrarias a las "obras de la ley" que Pablo y las Escrituras en general condenan tan fuertemente (Gál. 2:16); Rom. 3:28). Las obras de justicia propia de alguien que busca merecer la aprobación de Dios, la cuantificación del pecado y los rituales que tratan de equilibrar tanto de pecado con tanto de buenas obras, están todos a millones de años luz lejos de la "fe que opera por amor" (Gál. 5:6), la fe de él o de ella que "hace la voluntad del padre" (Mat. 7:21), "guardando los mandamientos de Dios" (1 Cor. 7:19), colocando "en la nueva naturaleza, que está siendo renovada en conocimiento conforme a la imagen de su Creador" (Col. 3:10).

Las obras de fe validan le genuinidad de la fe. "Porque la fe por sí misma, si no posee obras, está muerta". "La fe fue completada con las obras". "Un hombres es justificado por las obras y no solo por las obras [la fe siendo entendida meramente como una creencia intelectual]" (Santiago 2:17, 22, 24).[18]

"A fin de que el hombre sea justificado por la fe, la fe debe alcanzar un punto donde domine los afectos e impulsos del corazón; y mediante la obediencia, la fe misma es hecha perfecta". (FO:103). "No es fe la que pretende el favor del cielo sin cumplir con las condiciones en que se ha de otorgar la misericordia". (OE:274).

El Espíritu Santo inspira esas obras de fe.[19] Pablo primero los describe negativamente: "Por tanto, haced morir en vosotros lo terrenal. [Después sigue una lista de actitudes, hábitos, prácticas, que tuenen que ser eliminadas en la vida cristina]" (Col. 3:5-10).

Entonces Pablo retrata en términos positivos el estilo de vida del cristiano genuino: "Por lo tanto, como elegidos de Dios, santos y amados, vestíos de entrañable compasión, de benignidad, humildad, mansedumbre y tolerancia. Soportaos y perdonaos unos a otros, si alguno tuviera queja del otro. De la manera que Cristo os perdonó, así también hacedlo vosotros. Y sobre todo, vestíos de amor, que es el vínculo de la perfección. Y la paz de Dios gobierne vuestro corazón, a la que fuisteis también llamados en un solo cuerpo. Y sed agradecidos. La palabra de Cristo habite en abundancia en vosotros,

---

[18] "A fin de que el hombre sea justificado por la fe, la fe debe alcanzar un punto donde domine los afectos e impulsos del corazón; y mediante la obediencia, la fe misma es hecha perfecta". (FO:103). "No es fe la que pretende el favor del cielo sin cumplir con las condiciones en que se ha de otorgar la misericordia". (OE:274).

[19] "A los que le piden, Jesús les imparte el Espíritu Santo, pues es necesario que cada creyente sea liberado de la corrupción, así como de la maldición y condenación de la ley. Mediante la obra del Espíritu Santo, la santificación de la verdad, el creyente llega a ser idóneo para los atrios del cielo, pues Cristo actúa dentro de él y la justicia de Cristo está sobre él... Contemplando a Jesús recibimos en el corazón un principio viviente y que se expande; el Espíritu Santo lleva a cabo la obra y el creyente progresa de gracia en gracia, de fortaleza en fortaleza, de carácter en carácter. Se amolda a la imagen de Cristo hasta que en crecimiento espiritual alcanza la medida de la estatura plena de Cristo Jesús. Así Cristo pone fin a la maldición del pecado y libera al alma creyente de su acción y efecto". (1MS:462-463).

enseñando y exhortándoos unos a otros, con toda sabiduría. Cantad a Dios salmos e himnos y canciones espirituales, con gratitud en vuestro corazón. Y todo lo que hagáis, sea de palabra o de hecho, hacedlo en el nombre del Señor Jesús, dando gracias a Dios el Padre por él". (Versículos 12-17).

En Colosenses 3, Pablo muestra la vida de fe en términos de las obras de fe. Él lo hace sin usar las palabras justificación, santificación, o fe. Pero su significado es claro, sin una vida cambiada, sin una "nueva creación", sin un estilo de vida que refleje cada vez mejor el carácter de Jesús, el cristiano profeso no es un cristiano genuino. "Sin fe es imposible agradar a Dios". (Heb. 11:6).

En otras palabras, cómo una persona se vuelve "justa" con Dios es un asunto de ética, muy por encima del plano judicial. Infelizmente la iglesia cristiana a menudo se ha equivocado con los conceptos baratos de la misericordia y gracia de Dios. Psicológicamente, los hombres y mujeres encuentran más fácil creer que Dios va a perdonarlos (justificarlos) incondicionalmente, que Jesús ha efectuado toda la obediencia necesaria para su salvación. Pero ese no es el mensaje del Nuevo Testamento.

La fe no es meramente un reconocimiento de que Dios ha salvado a una persona, sino que también es una agradecida sumisión de la persona como un todo. Dios apela no solo a su intelecto y emoción, sino que también a la voluntad y al corazón.[20] Aun cuando Jesús murió por todos, Dios no perdona (esto es, justifica) a todos. Él no extiende un amnésico en blanco para todos los pecadores.

En 1977 el Presidente de los Estados Unidos le garantizó el perdón a muchos militares evasores. Era incondicional, no requería ningún cambio de corazón, y probablemente no produjo ninguno. El perdón redactado a los evasores fue probablemente el mismo después del perdón que antes de él. Dios no extiende un perdón incondicional. Él perdona solamente al penitente, justifica solamente a aquellos que han venido a Él en fe (Rom. 3:26).[21]

La actitud cambiada hacia Dios y a Su ley, hacia la auto-indulgencia y a las necesidades de otros, provee la evidencia que existe una vida de fe. Esa actitud hacia Dios muestra que Él ya ha justificado a esa persona, porque Él "¡justifica al que tiene fe en Jesús!" (Rom.

---

[20] "Cuando Jesús habla de un nuevo corazón, se refiere a la mente, a la vida, a todo el ser. Tener un cambio de corazón quiere decir apartar los efectos de este mundo y aferrarse de Cristo. Tener un nuevo corazón es tener nueva mente, nuevos propósitos, nuevos motivos. ¿Cuál es la señal de un nuevo corazón? Una vida nueva. Hay una muerte diaria y de cada hora al egoísmo y al orgullo". (HHD:102).

[21] "Hay condiciones para que recibamos la justificación, la santificación y la justicia de Cristo". (1MS:442). "Dios primero hace penitente a quien perdona". (2MS:95).

3:26). Se agrada y anhela en perdonar a esas personas, y Él libremente las justifica. "Es por la fe como se engendra la vida espiritual, y somos capacitados para hacer las obras de justicia". (DTG:73).

Cuando Dios perdona, no es una "ficción legal".[22] Dios no declara un pecador "justificado" si él o ella permanece espiritualmente muerto en pecado. Él no pronuncia a una persona como "justa" delante de Él, si esa persona es un rebelde, parcial o totalmente, y esa sí sería una ficción legal. Aun cuando la persona verdaderamente justificada sea justa delante de Dios debido a los méritos cubridores de Cristo, él no es una persona verdaderamente justa sustantivamente, esto es, sin hábitos pecaminosos que necesita ser purificada. La justificación (perdón) no hace a una persona con un carácter justo. Cuando Dios declara justa a una persona o "justificada", Él reconoce la respuesta del penitente de fe, el comienzo de un nuevo relacionamiento. La justificación (perdón) comienza un programa de vida que cambiará cada vez más la actual condición o estado del carácter cristiano.

Cuando Dios justifica, (1) Él reconoce la fe en el cambio de corazón (Rom. 3:26); (2) Él le envía paz al penitente (Rom. 5:1); (3) Él implanta en el corazón de fe un nuevo principio de vida (Heb. 10:16-17; Eze. 36:26-27); y (4) Él comienza la obra de purificación que eventualmente hará adecuado al hombre o a la mujer de fe para el cielo (1 Juan 1:9).[23]

Dios no perdona como lo hacen los hombres. Por un lado Él no espera que los hombres y mujeres desarrollen un carácter justo, antes de perdonarlos. Él sabe que ningún hombre o mujer por sí mismo, pueda volverse "justo" delante de Él (esto es, adquirir un carácter justo). Ningún esfuerzo humano, sin ayuda, no importa cuán sincero sea, puede asaltar las cortes divinas de justicia con una vida perfecta, con un registro de mérito.

Ni tampoco Dios viene hasta la mitad del camino negociando una porción de justicia por una porción de buenas obras hechas por hombres y mujeres sinceras (Mat. 7:21-27). Los dones, no importa cuán grandes, habituales o sacrificiales sean, nunca pueden sobornarlo. Por otro lado, Él no perdona incondicionalmente. Él espera un cambio antes de perdonar, o entonces la integridad de Su gobierno se desintegraría. Ese cambio Él lo ha llamado fe. Pero no es fe más algo más.

---

[22] W. Sanday y A. C. Headlam, Romanos, Comentario Crítico Internacional (New York: Scribners, 1902) pág. 367.
[23] "Cristo, el Restaurador, planta un nuevo principio de vida en el alma, y esa planta crece y produce fruto. La gracia de Cristo purifica mientras perdona, y prepara a los hombres para un cielo santo". (AFC:338).

Esto es, fe más la guarda de la ley ritual, o fe mezclada con una rigurosa auto-mortificación. "Tales cosas tienen apariencia de sabiduría con su culto impuesto, su falsa humildad y su duro trato del cuerpo. Pero no tienen valor alguno contra los apetitos de la carne". (Col. 2:23). No, Él solo quiere fe, la respuesta de todo corazón de un penitente (arrepentido) rebelde, que ha capitulado. Un rebelde que ha escuchado a su Padre celestial susurrar: "Hijo", "Hija". Uno que se aferra a su nuevo estatus, que le suplica al Padre por ayuda, poder, protección, de tal manera que él o ella no va a deshonrar el nombre de la familia nuevamente. Solamente Jesús nos puede dar poder para obedecer, poder para huir de los hábitos egoístas, poder para vencer, poder para agradar al Padre, poder para vivir la vide de fe.[24]

"Ser perdonado [justificado] de la manera como Cristo perdona, es no solo ser perdonado, sino que ser renovado en el espíritu de nuestra mente. El Señor dice: 'Te daré un nuevo corazón'. La imagen de Cristo debe ser estampada sobre la misma mente, corazón y alma. El apóstol dice: 'Y tenemos la mente de Cristo'. Sin el proceso transformador, que solo puede venir del poder divino, las propensiones originales a pecar, son dejadas en el corazón con toda su fuerza, para forjar nuevas cadenas, para imponer una esclavitud que jamás puede ser quebrada por el poder humano. Pero los hombres no pueden jamás entrar en el cielo con sus antiguos gustos, inclinaciones, ídolos, ideas y teorías". RH, 19- 08-1890).

El Señor del cielo, que ha sido afligido durante milenios, mientras Él ha observado las semillas del pecado dar un fruto amargo, no juega con Sus hijos. El asunto siempre ha sido la fe o la rebelión, obediencia o desobediencia, amor o egoísmo. Esta es la razón por la cual meramente declararlo, no va a remover el pecado. Él no justifica (perdona) como reyes y presidentes de la tierra para los evasores y criminales comunes.

El Señor del cielo quiere un fin para el pecado, tan luego como sea posible, y Él ha prometido los recursos del cielo para asistir a aquellos que sienten lo mismo acerca de sus pecados. Aquellos que odian el pecado y quieren que su reinado termine, son

---

[24] "Hay almas concienzudas que confían parcialmente en Dios y parcialmente en sí mismas. No recurren a Dios para ser preservadas por su poder, sino que dependen de su vigilancia contra la tentación y de la realización de ciertos deberes para que Dios las acepte. No hay victorias en esta clase de fe. Tales personas se esfuerzan en vano. Sus almas están en un yugo continuo y no hallan descanso hasta que sus cargas son puestas a los pies de Jesús. Se necesitan vigilancia constante y ferviente y amante devoción. Pero ellas se presentan naturalmente cuando el alma es preservada por el poder de Dios, mediante la fe. No podemos hacer nada, absolutamente nada para ganar el favor divino. No debemos confiar en absoluto en nosotros mismos ni en nuestras buenas obras. Sin embargo, cuando vamos a Cristo como seres falibles y pecaminosos, podemos hallar descanso en su amor. Dios acepta a cada uno que acude a Él confiando plenamente en los méritos de un Salvador crucificado. El amor surge en el corazón. Puede no haber un éxtasis de sentimientos, pero hay una confianza serena y permanente". (FO:38).

hombres y mujeres de fe. A esas personas Dios los justifica libremente cuando vienen a Él por perdón y poder.[25]

Muchos Protestantes y Católicos han tenido dificultad para aferrase del cuadro mayor del plan de salvación. "Pero el perdón tiene un significado más abarcante del que muchos suponen. Cuando Dios promete que 'será amplio en perdonar', añade, como si el alcance de esa promesa fuera más de lo que pudiéramos entender: 'Porque mis pensamientos no son vuestros pensamientos, ni vuestros caminos mis caminos, dijo Jehová. Como son más altos los cielos que la tierra, así son mis caminos más altos que vuestros caminos, y mis pensamientos más que vuestros pensamientos'. El perdón de Dios no es solamente un acto judicial por el cual libra de la condenación. No es sólo el perdón por el pecado. Es también una redención del pecado. Es la efusión del amor redentor que transforma el corazón. David tenía el verdadero concepto del perdón cuando oró: 'Crea en mí, oh Dios, un corazón limpio y renueva un espíritu recto dentro de mí'". (DMJ:97).

La justificación (perdón) es "buenas nuevas", pero no agota el mensaje del evangelio. Es el misericordioso ceñimiento del amor divino a través del crecimiento cristiano. Pero para que la justificación sea genuina, tiene que conducir a una purificación, a una experiencia transformadora. Esas vidas tienen un nuevo rostro hacia Dios (confianza, obediencia, lealtad), un nuevo rostro hacia la humanidad (amor), y un nuevo rostro hacia ellos mismos (auto-apreciación y auto-desarrollo para el servicio en vez de auto-indulgencia).[26]

Al dar el primer paso hacia la completa liberación del pecado, los hombres y mujeres de fe reconocen que son serios con respecto a su rebelión y que quieren Su gracia para "salvarlos… de sus pecados" (Mat. 1:21). Al justificar al pecador, Dios está reconociendo la nueva fe del pecador.

La fe es nuestra aceptación del deseo de Dios de justificar, esto es, Su deseo de "perdonar nuestros pecados y de purificarnos de toda nuestra injusticia" (1 Juan 1:9).

---

[25] "La fe se aferra a las promesas de Dios, y produce fruto en obediencia. La presunción se atiene también a las promesas, pero las emplea como las empleó Satanás, para disculpar la transgresión. La fe habría inducido a nuestros primeros padres a confiar en el amor de Dios y obedecer sus mandamientos. La presunción los indujo a violar su ley, creyendo que su gran amor los salvaría de las consecuencias de su pecado. No es fe la que pretende el favor del cielo sin cumplir con las condiciones en que se ha de otorgar la misericordia. La verdadera fe tiene su cimiento en las promesas y provisiones de las Escrituras". (OE:274).

[26] "Pero al paso que Dios puede ser justo y sin embargo justificar al pecador por los méritos de Cristo, nadie puede cubrir su alma con el manto de la justicia de Cristo mientras practique pecados conocidos, o descuide deberes conocidos. Dios requiere la entrega completa del corazón antes de que pueda efectuarse la justificación. Y a fin de que el hombre retenga la justificación, debe haber una obediencia continua mediante una fe activa y viviente que obre por el amor y purifique el alma… A fin de que el hombre sea justificado por la fe, la fe debe alcanzar un punto donde domine los afectos e impulsos del corazón; y mediante la obediencia, la fe misma es hecha perfecta". (FO:103).

Perdón y purificación, perdón y poder, son la respuesta de Dios a nuestra confianza, obediencia y lealtad (1 Juan 1:9; Heb. 4:16; 1 Cor. 1:18-24). Realmente, "por la gracia... hemos sido salvos a través de la fe... Porque somos hechura suya, creados en Cristo Jesús para buenas obras". (Efe. 2:8-10).

Capítulo 5: La Fe Condena el Pecado en la Carne.

Tal como lo hemos visto en nuestras páginas iniciales, un día aparecerá un grupo de personas que manifestarán el propósito de la gracia: ellos van a "guardar los mandamientos de Dios y [tendrán] la fe de Jesús" (Apoc. 14:12). Ellos serán, dijo Jesús, vencedores "así como Yo conquisté" (Apoc. 3:21).

Esas personas le han permitido a la gracia que haga su obra, porque aprendieron a través de la experiencia el significado de la fe: "Esta es la victoria que vence al mundo, nuestra fe" (1 Juan 5:4). Alegremente ellos cantan: "Gracias sean dadas a Dios, que nos da la victoria a través de nuestro Señor Jesucristo" (1 Cor. 15:57).

Habiendo "nacido de nuevo" (Juan 3), esto es justificado (perdonado) por la fe y siendo continuamente perdonado por la fe, ahora ellos disfrutan el ser santificados por la fe. La condición a través de la cual Dios los perdonó es la misma con que ellos maduraron el carácter a semejanza de Cristo, la condición de la fe (Col. 3:3). Tan luego como fueron justificados, la semilla de una vida santa (santificación) comenzó a crecer.

Aun si fuese posible, no es necesario determinar la secuencia de tiempo entre el perdón y la regeneración. Debiéramos evitar tratar de categorizar agudamente la diferencia entre, y el tiempo de, esas frases del desarrollo cristiano tales como "justificación", "regeneración" y "santificación".[27] La misma gracia que despierta el sentido de la necesidad y hace con que el pecador sea penitente, tenga paz y valide el perdón de Dios a través del Espíritu Santo (Rom. 5:1, 5). Ayuda al pecador ver su necesidad, y el maravilloso amor de Dios lo atrae a preguntar en fe, por el poder de Dios para alejar el pecado y a vivir una vida santa.

El ser como Jesús es el blanco de la fe. La fe es la condición por la cual los pecadores se vuelven semejantes a Cristo. Los rebeldes convertidos manifiestan el trabajo del "poder de Dios para la salvación para todos los que tienen fe" (Rom. 1:16).[28]

---

[27] "Muchos cometen el error de tratar de definir minuciosamente los delicados matices de distinción entre justificación y santificación. Para la definición de esos dos términos con frecuencia recurren a sus propias ideas y especulaciones. ¿Por qué tratar de ser más minucioso de lo que es la Inspiración acerca de la cuestión vital de la justificación por la fe?". (6CBA:1072).
[28] "Los discípulos de Cristo han de volverse semejantes a él, es decir, adquirir por la gracia de Dios un carácter conforme a los principios de su santa ley. Esto es lo que la Biblia llama santificación. Esta obra no se puede realizar sino por la fe en Cristo, por el poder del Espíritu de Dios que habite en el corazón". (CS:523).

Así como la fe es lo opuesto a rebelión, así el volverse como Jesús es la antítesis de una vida pecaminosa. Jesús "condenó al pecado en la carne" (Rom. 8:3), principalmente porque Él no pecó "en la carne". Nadie puede acusarlo de pecado (ver Juan 8:46).

Cristo comprobó que el pecado no era inevitable o necesario. Él demostró a través de una vida de fe, que los hombres y mujeres cuando están conectados con el poder divino, pueden vivir sin pecar. Él vivió la vida de fe, de tal manera que la familia humana tuviera siempre razón para tener esperanza y alegría, para que "la justicia de la ley pueda ser cumplida en nosotros, que no andamos según la carne, sino que según el Espíritu" (Rom. 8:4).

Pablo no está haciendo romances. El Espíritu Santo le dijo a Él una de las verdades básicas de evangelio. Así como Jesús "condenó el pecado en la carne", de la misma manera lo deben hacer Sus seguidores. Ese es el desafío dado a aquellos que desean por sobre todo, pertenecer a aquel número "que guardan los mandamientos de Dios y la fe de Jesús" (Apoc. 14:12). Jesús vino a nuestro mundo no solo a vivir una vida ejemplar y a morir una muerte substitutoria, sino que también a convencer a los hombres y mujeres que el pecado puede ser vencido, que Dios no estaba pidiendo demasiado de la familia humana cuando pidió obediencia total, y que el poder que guardó a Jesús de pecar, también los sostiene a ellos. "Dios amó al mundo de tal manera que dio a Su Hijo unigénito, para que todo el que Lo acepte, tenga poder para vivir Su vida justa. Cristo probó que es posible que el hombre se aferre por la fe del poder de Dios". (1MS:223).[29]

El Señor quería que los hombres y mujeres confiaran en Él para que descubriesen estos hechos por sí mismos, en su propia experiencia. Él deseó que Su pueblo también encontrara la libertad de espíritu que proviene cuando el Espíritu de Dios coopera con la fe, proveyendo el poder para vencer el pecado.[30] Solamente los pecadores están encadenados a las consecuencias de sus pobres elecciones.

El conocer todo esto exige más que un ejercicio intelectual. Es una experiencia del corazón, el estilo de vida de la fe. La vida de fe remueve el poder y la contaminación del pecado, la condenación de la ley. La fe es el escudo contra loa tentación, ya sea desde afuera o desde adentro. Tome "el escudo de la fe, con el cual puede apagar todos los

---

[29] Nota del Traductor: Paginación en Inglés.
[30] "El no consintió en pecar. Ni siquiera por un pensamiento cedió a la tentación. Así también podemos hacer nosotros. La humanidad de Cristo estaba unida con la divinidad. Fue hecho idóneo para el conflicto mediante la permanencia del Espíritu Santo en él. Y él vino para hacernos participantes de la naturaleza divina. Mientras estemos unidos con él por la fe, el pecado no tendrá dominio sobre nosotros. Dios extiende su mano para alcanzar la mano de nuestra fe y dirigirla a asirse de la divinidad de Cristo, a fin de que nuestro carácter pueda alcanzar la perfección". (DTG:98-99).

dardos inflamados del enemigo" (Efe. 6:16). Pablo dice que son "todos". Condenar el pecado en la carne no es una obra fortuita. O el pecado es totalmente destruido, o triunfará absolutamente. Jesús no condenó parcialmente el "pecado en la carne". Su poder hoy, dado a través del Espíritu Santo, "es capaz de mantenerlo para que no caiga y presentarlo sin mancha delante de la presencia de Su gloria con regocijo" (Judas 24).[31] ¡Esa es Su promesa habilitadora!

Hay algo trágico acerca del cristiano profeso que acata todas las enseñanzas de su iglesia, que cree que Dios lo ama y que promete perdonarlo de sus pecados, pero que conoce muy poco del poder de Dios en su vida. Ese es el mal entendido que muchos tienen sobre la fe.[32] Los trazos no cambiados del carácter diluyen su declaración de fe, negando la virtud salvadora del poder de Cristo. El evangelio no es para ellos "el poder de Dios para salvación" (Rom. 1:16, KJV). Ellos dicen que tienen la verdad acerca de Dios, especialmente la verdad acerca del Su mensaje para los últimos días al mundo y lo que luego va a caer sobre la tierra, que ellos son "ricos" en la verdad. Pero esos miembros de iglesia, hasta que sean iluminados, son "cuitado y miserable, pobre, ciego y desnudo". (Apoc. 3:17). Tristemente, ellos no han aprendido a través de la experiencia de fe lo que significa seguir a Jesús todo el camino.

Preguntamos nuevamente: ¿Qué tipo de fe es la que condena el pecado en la carne? Tal como lo expresó un escritor: "¿Qué clase de fe es la que vence al mundo? Es la que hace de Cristo vuestro Salvador personal, la fe que, reconociendo vuestra impotencia, vuestra completa incapacidad de salvaros a vosotros mismos, se aferra del Ayudador que es poderoso para salvar, como de vuestra única esperanza. Es fe que no será desanimada,

---

[31] El Espíritu iba a ser dado como agente regenerador, y sin esto el sacrificio de Cristo habría sido inútil. El poder del mal se había estado fortaleciendo durante siglos, y la sumisión de los hombres a este cautiverio satánico era asombrosa. El pecado podía ser resistido y vencido únicamente por la poderosa intervención de la tercera persona de la Divinidad, que iba a venir no con energía modificada, sino en la plenitud del poder divino. El Espíritu es el que hace eficaz lo que ha sido realizado por el Redentor del mundo. Por el Espíritu es purificado el corazón. Por el Espíritu llega a ser el creyente partícipe de la naturaleza divina. Cristo ha dado su Espíritu como poder divino para vencer todas las tendencias hacia el mal, hereditarias y cultivadas, y para grabar su propio carácter en su iglesia". (DTG:625).

[32] "Hay muchos que profesan seguir a Cristo, pero que nunca llegan a ser cristianos maduros. Admiten que el hombre está caído, que sus facultades están debilitadas, que es incapaz de hazañas morales, pero añaden que Cristo ha llevado todas las cargas, todos los sufrimientos, toda la abnegación, y que están dispuestos a dejar que él lo lleve todo. Dicen que no hay nada que puedan hacer sino creer; pero dijo Cristo: 'Si alguno quiere venir en pos de mí, niéguese a sí mismo, y tome su cruz, y sígame' (Mat. 16:24). Jesús guardó los mandamientos de Dios". (1MS:368).

"La agradable fábula que todo lo que hay que hacer es creer, ha destruido a decenas de miles, porque muchos han llamado fe a lo que no es fe, sino que simplemente un dogma. El hombre es un ser inteligente y responsable; él no puede ser llevado como una carga pasiva por el Señor, sino que tiene que obrar en armonía con Cristo. El hombre tiene que llevar a cabo su obra señalada, luchando por la gloria, el honor y la inmortalidad… El hombre no puede ser salvo en desobediencia e indolencia" (RH, 01-04-1890).

que escucha la voz de Cristo que dice: 'Confiad, yo he vencido al mundo, y mi fortaleza divina es vuestra'". (DNC:142).

"El Espíritu iba a ser dado como agente regenerador, y sin esto el sacrificio de Cristo habría sido inútil. El poder del mal se había estado fortaleciendo durante siglos, y la sumisión de los hombres a este cautiverio satánico era asombrosa. El pecado podía ser resistido y vencido únicamente por la poderosa intervención de la tercera persona de la Divinidad, que iba a venir no con energía modificada, sino en la plenitud del poder divino. El Espíritu es el que hace eficaz lo que ha sido realizado por el Redentor del mundo. Por el Espíritu es purificado el corazón. Por el Espíritu llega a ser el creyente partícipe de la naturaleza divina. Cristo ha dado su Espíritu como poder divino para vencer todas las tendencias hacia el mal, hereditarias y cultivadas, y para grabar su propio carácter en su iglesia". (DTG:625).

El apelo a los laodiceanos en Apocalipsis 3, no es solo observar su gran necesidad, sino que de abrir la puerta a todas las provisiones del evangelio, de comer con Jesús. Nosotros no paramos de pecar porque temamos el castigo de Dios. Nosotros pedimos Su poderosa gracia porque no queremos decepcionarlo. Al obtener nutrición de Su presencia, de Su poder, de Sus promesas, los laodiceanos pueden alegremente descansar seguros que van a vencer y que se van a sentar con Jesús en los lugares celestiales. Pero el sentarse vendrá solamente después que venzan como Jesús venció (Apoc. 3:20-21).[33]

La puerta de la fe está abierta para todos. La fe es la condición para la salvación, la experiencia de aquellos que "condenan al pecado en la carne" y vencen como Jesús venció (versículo 21). La fe cree, confía y vive de la promesa que Jesús "salvará a Su pueblo de sus pecados" (Mat. 1:21).

---

[33] "Estas son palabras de nuestro Substituto y Garante. Aquel que es la Cabeza divina de la iglesia, el más poderoso de los conquistadores, les señala a sus seguidores su vida, sus trabajos duros, sus auto-negaciones, sus luchas y sufrimientos, a través de contienda, a través de rechazo, ridículo, burlas, insultos, mofa, falsedades, el camino del Calvario hasta la escena de la crucifixión, para que puedan ser animados a presionar hacia adelante, hacia la marca de premio y de la recompensa del vencedor. La victoria es asegurada a través de la fe y de la obediencia.
Hagamos una aplicación de las palabras de Cristo a nuestros propios casos individuales. ¿Somos pobres, ciegos, desgraciados y miserables? Entonces busquemos el oro y las vestiduras blancas que Él ofrece. La obra de vencer no está restricta a la edad de los mártires. El conflicto es para nosotros, en estos días de sutiles tentaciones hacia la mundanalidad, la auto-seguridad, la indulgencia del orgullo, de la codicia, de las falsas doctrinas y de la inmoralidad de la vida" (RH, 24-07-1888).

Capítulo 6: La Fe es la Respuesta, ¿Pero de Quién?

Todos tenemos amigos que han golpeado la pared. Tal vez sabemos muy bien lo que es "golpear la pared". No, no con sus autos, no en medio de la noche buscando el interruptor de la luz. Sino que algo como el corredor de larga distancia, tal vez un maratonista, el cual en el Km 21 pierde de vista la meta. Fatigado, desilusionado, se le vienen extraños pensamientos a la mete: "¿Por qué estoy haciendo esto? He corrido más que la mayoría de las personas lo han hecho. 21 Km es, de todas maneras, suficiente. ¿Adónde hay un taxi?"

Yo conozco a personas que han "golpeado la pared", no muy lejos de la línea de llegada. Ellos describen su experiencia como una pérdida de su control disciplinado normal, profunda depresión, desespero, soledad. El sentimiento de "abandonar" y de nunca volver a correr nuevamente, es una experiencia común.

Pero "golpear la pared" no es una experiencia conocida solo por los maratonistas. Todos hemos, a veces, golpeado la pared en circunstancias complejas, con problemas interrelacionados envolviendo a otras personas, en negocios de la vida, y sentimos aquella fatiga y desilusión. Sabemos lo que está errado, pero no podemos hacer nada acerca de ello. Así es que racionalizamos: "Los problemas son demasiado grandes; una persona no hace ninguna diferencia; no es mi responsabilidad de cualquier manera; ¿por qué otros no pueden ver el problema y prestan ayuda? ¿por qué me siento tan solo?"

Pero, felizmente, algunos pasan por la pared y terminan la carrera. Algunos no. ¿Cuál es la diferencia? Normalmente pasamos por la pared solo después que hemos escuchado a otros, que también han estado ahí. Los corredores experimentados son capaces de describir qué pueden esperar, de tal manera que los corredores con menos experiencia van a entender lo que sucede, que no están solos. Yo he escuchado a algunos maratonistas que detectan cuándo otros están golpeando la pared y corren al lado de ellos, animándolos para que terminen la carrera.

Sea lo que fuere que exista en nuestras vidas, que comience bien, debiéramos terminarlo; debiéramos completar lo que comenzó siendo una gran razón para correr. Podemos pensar en muchos compromisos, nuestro lado profesional mejor, nuestro matrimonio, algún proyecto de la iglesia, nuestra responsabilidad para con nuestros hijos, etc. No hay más satisfacción en la vida que terminar bien, o completar un trabajo. La pregunta es: ¡Qué haces cuando golpeas la pared! La respuesta: escuchar a corredores de experiencia.

Para millones de cristianos, ha sido escuchar unas pocas palabras de nuestro Señor dejadas con nosotros. H. M. S. Richards, un locutor de radio de muchos años, mantuvo una ayuda extraordinaria, con un largo poema, al final de sus transmisiones: "Ten fe en Dios". Encontramos esas palabras en Mar. 11:22. Pero me parece que esas palabras han sido, a veces, parte del problema, para algunos cristianos sensibles y serios.

¿Cómo sabemos cuándo tenemos suficiente fe en Dios como para hacer la diferencia? ¿Se necesita un montón de fe para mover una montaña? ¿O cuánto puede usted mover con la mitad de esa fe? Está claro, que todos queremos más fe, especialmente cuando estamos golpeando la pared. Cuán a menudo escuchamos: "Yo se cómo debiera sentirme, quiero sentir aquella fe, pero de alguna manera, parece que no tengo lo suficiente". Para ellos, ese texto es más una burla que una ayuda.

Pero miremos nuevamente ese texto: No dice, que su respuesta radica en cuánta fe usted puede conseguir de su mente o de su corazón. En vez de eso, dice lo siguiente, que puede ser leído en el Griego: "Aférrese a la fidelidad de Dios". Ah, esa es una dirección completamente diferente para mirar por la fe, no en nuestro corazón lleno de faltas, tal como está en la pared, sino que a la fidelidad de Dios, el cual nunca ha fallado.

La falla en confiar en la fidelidad de Dios, fue el problema de Eva. Ella golpeó la pared, dudó de Dios, y tomó el taxi más cercano. El fondo de cada pecado, cualquiera que sea su naturaleza, es este: confiamos en nuestros propios sentimientos y juicios, como siendo más justos, más satisfactorios por el momento, que la clara y simple sabiduría del Señor.

¿Adónde encontramos alivio para las cargas de la vida? ¿Adónde encontramos sabiduría para las decisiones que nos miran a la cara cuando no vemos un camino claro donde caminar? ¿Adónde encontramos las palabras y la compostura para aquellos momentos de confrontación que los queridos parientes, o empleadores, o colegas tienen que decir para ser responsables de sus puestos?

Encontramos esta sabiduría y coraje y fuerza escuchando al Corredor que corre bien Su carrera, en aquel Corredor que vuelve a correr a nuestro lado mientras nosotros golpeamos la pared (Ver Heb. 12:1-3). No confiamos en nuestra fidelidad, nosotros confiamos en Su fidelidad. Otros pueden mentirle a usted, aun amigos cercanos, a veces. Jesús no lo hará, porque Él es fiel. Otros pueden retirar sus compromisos en los cuales están envueltos, dejándolo a usted en una posición difícil. Jesús no lo hará, porque Él es siempre fiel.

Noé construyó un arca porque había aprendido que Dios es fiel para cumplir Sus promesas. Abraham no dejó la seguridad de Harán porque su pro-forma parecía fantástica; él se fue a Canaán porque había aprendido que Dios era fiel y no lo dejaría a su propia suerte.

Lea Hebreos 11 nuevamente, y observe que ninguno de estos grandes personajes dependieron de ninguna persona de gran exhuberancia de sentimientos de fe. Ellos hicieron lo que hicieron porque confiaron en la fidelidad de Dios, no en la suya propia. Ellos hicieron un hábito de vida en decirle "si" a Dios, cualquier cosa que Él dijera, a donde quiera que eso los condujera.

Satanás desde el comienzo ha dicho: Duden de la fidelidad de Dios. Usted ya conoce la pregunta que le hizo a Eva: "¿Con que Dios ha dicho? ¿Estás segura que Él quiso decir eso? ¿Estás segura que no te estás yendo a un extremo? ¿No crees que estás tomando esas palabras demasiado literalmente?" Aun escuchando esas preguntas de otro, tienden a derribar nuestro entusiasmo, nuestro total compromiso. Comenzamos a preguntarnos, a detenernos, a racionalizar, a sopesar nuestra perplejidades, salimos hacemos cosas tontas con nuestro tiempo y nuestro dinero, solo para mantener a nuestra mente fuera de las palabras calmas, frías, y claras de la instrucción divina.

Cuántas veces estimamos nuestras dificultades a la luz de nuestros propios recursos y no a la luz de Sus recursos. ¡Miramos nuestra fe, no Su fidelidad! Así, esperamos muy poco, y a menudo fallamos en ese pequeño intento. Pero, decimos, después de todo, lo estamos haciendo tan bien como cualquier otro. Todos nosotros somos hombres y mujeres débiles. Olvidar eso, aun con nuestros registros súper exitosos y con nuestros súper poderes de voluntad, el olvidar que somos hombres y mujeres débiles, es huir de la verdadera fortaleza y sabiduría que Dios quiere que depositemos en nuestra propia cuenta bancaria, como si no estuviera disponible.

Todos los gigantes de Dios – hombres y mujeres de fe – han sido hombres y mujeres débiles. Pero hicieron grandes cosas para Él, porque confiaron en Su fidelidad, no en la suya propia. Él siempre cumple lo que ha prometido. Hombres y mujeres de fe saben de esto, de su experiencia. Ellos han aprendido cómo, por la gracia de Dios, golpear "la pared".

Capítulo 7: La Fe, la Clave para la "Última Generación".

Nadie puede recibir ninguna recomendación mayor que la de hacer parte del grupo del cual Dios dice: "Aquí están los que guardan los mandamientos de Dios y le fe de Jesús" (Apoc. 14:12). Esas personas conforman la "última generación" de la iglesia de Dios en la tierra. Los hombres y mujeres así descritos, ya no son rebeldes. Ellos se sienten bien con el estilo de vida de Dios, se alegran en hacer Su voluntad. Los amigos los conocen como siendo generosos y tolerantes, firmes y disciplinados. Sus nombres no hablan de egoísmo, sino que de integridad, de confianza y de justicia.

De hecho, en un sentido significativo y simbólico, ellos tienen el nombre de Jesús y el "nombre de su Padre" escrito en sus frentes! (Apoc. 14:1), y "en sus bocas no se encontró mentira, porque son sin mancha" (versículo 6). Dios no se avergüenza en colocar su firma en ellos. Él está detrás de la calidad de Su propio producto.

A fe los ha traído al punto donde Dios puede, sin problemas, presentarlos como Sus trofeos de la gracia, apeando a través de ellos a todos los hombres y mujeres para que los miren bien, para que entiendan lo que es el estilo de vida de Dios. Esas personas son el blanco de la redención, el propósito de la gracia: "Dios nos eligió en él desde antes de la creación del mundo, para que fuésemos santos y sin culpa ante él en amor... Para alabar su gloriosa gracia, que nos dio generosamente en el amado... para que nosotros que fuimos los primeros en Cristo, seamos alabanza de su gloria". (Efe. 1:4, 6, 12).[34]

Ellos son la última generación, por la cual Dios ha esperado, Sus testigos vivos de lo que le sucede a las personas que se apropian por la fe (esto es, que hacen una posesión personal de) de la justicia de Cristo.[35]

A través de la exhibición de la fe genuina, el reflejo de la fe de su Señor, el evangelio tiene una nueva validación. Solamente cuando Su pueblo revele la verdad acerca de Sun poder y del valor de Su estilo de vida, la iglesia efectivamente predicará el "evangelio del

---

[34] "Desde el principio fue el plan de Dios que su iglesia reflejase al mundo su plenitud y suficiencia. Los miembros de la iglesia, los que han sido llamados de las tinieblas a su luz admirable, han de revelar su gloria. La iglesia es la depositaria de las riquezas de la gracia de Cristo; y mediante la iglesia se manifestará con el tiempo, aun a 'los principados y potestades en los lugares celestiales' (Efe. 3:10), el despliegue final y pleno del amor de Dios". (RJ:188).

[35] "La fe genuina se apropia de la justicia de Cristo, y el pecador es hecho un vencedor con Cristo, porque es hecho un participante de la naturaleza divina, y así la divinidad y la humanidad son combinadas". (RH, 01-07-1890).

reino... por todo el mundo, como un testimonio a todas las naciones; y entonces vendrá el fin" (Mat. 24:14).[36]

Algún día la última generación de la iglesia de Dios va a demostrar que la fe bíblica es más que una aceptación pasiva del perdón de Dios, más que una palabra emocional de alta resonancia. Ellos van a declarar en un estilo de vida claro e innegable, que la fe no es solo un importante factor en el carácter cristiano, sino que es el elemento abrasador que separa a los miembros nominales de la iglesia de los cristianos genuinos (Ver Mateo 25).

La fe es un factor decisivo porque (1) el correcto entendimiento de la justificación por la fe depende de un correcto entendimiento de la fe, y (2) el entender la experiencia de justicia por la fe (esto es, la manera correcta en que el hombre se relaciona con Dios) determina el destino eterno de todos. Aquellos que poseen la "fe de Jesús" en la última generación, responden a los mensajes simbolizados por los tres ángeles de Apocalipsis 14. Ellos están listos para el cierre de la gracia, porque le han permitido a Dios que purifique sus corazones de todo pecado. Su padrón de vida es el de guardadores de los mandamientos.[37]

La Biblia deja bien claro que: "Para subsistir ante el juicio tiene el hombre que guardar la ley de Dios. Esta ley será la piedra de toque en el juicio. El apóstol Pablo declara: 'Cuantos han pecado bajo la ley, por la ley serán juzgados... en el día en que juzgará Dios las obras más ocultas de los hombres... por medio de Jesucristo'. Y dice que 'los que cumplen la ley serán justificados'. (Rom. 2:12-16) La fe es esencial para guardar la ley de Dios; pues 'sin fe es imposible agradarle'. Y 'todo lo que no es de fe, es pecado'. (Heb. 11:6; Rom. 14:23)". (CS:489).

Ser como Jesús es ser un guardador de los mandamientos. Ser un guardador de los mandamientos es poseer la "fe de Jesús". Así, la última generación revela el blanco de la

---

[36] "La única manera en que la verdad puede ser presentada al mundo, es su puro y santo carácter, es por aquellos que dicen creerla, que son exponentes de su poder". (RH, 25-02-1890).
"El carácter es poder. El testigo silencioso de una vida verdadera, no egoísta, piadosa, es una influencia casi irresistible. Al revelar en nuestra propia vida el carácter de Cristo, cooperamos con Él en la obra de salvar almas. Es solamente revelando en nuestra vida Su carácter que podemos cooperar con Él. Y mientras más amplia sea la esfera de nuestra influencia, mayor bien podemos hacer. Cuando aquellos que profesan servir a Dios sigan el ejemplo de Cristo, practicando los principios de la ley en sus vidas diarias; cuando todo acto lleve testimonio de que aman supremamente a Dios y a su prójimo como a sí mismos, entonces la iglesia tendrá poder para mover al mundo". (PGVM:340). Paginación en Inglés.

[37] "Todo el que esté salvo, tiene que tener esta experiencia. En el día del juicio el curso del hombre que ha retenido su debilidad e imperfección de humanidad, no será vindicado. Para él no habrá lugar en el cielo; no disfrutaría de la perfección de los santos en luz. El que no tiene suficiente fe en Cristo para creer que lo puede mantener sin pecar, no posee la fe que le dará la entrada al reino de Dios". (RH, 10-03-1904).
"La obediencia a las leyes de Dios desarrolla en el hombre un bello carácter que está en armonía con todo lo que es puro y santo e incontaminado. En la vida de ese hombre el mensaje del evangelio de Cristo es hecho claro" (HHD:42). Paginación en Inglés.

redención, el propósito de la justificación y de la santificación. Al final, un grupo de personas va a demostrar la naturaleza de la semilla del evangelio implantada en su corazón por la gracia a través de la fe.[38] "El evangelio de Cristo es la ley ejemplificada en el carácter" (Maranata:16).

El fin del mundo, la terminación de la Comisión del Evangelio, el retorno de Jesús, todo depende de la maduración de la cosecha. Cuando el carácter de Cristo sea totalmente reflejado en la última generación, vindicando la ley de Dios y Su honor[39], Él no podrá hacer nada más para llamar la atención del mundo. La cosecha revela los frutos de fe y el amargo desenlace de la rebelión.

Así, Dios espera por los hombres y mujeres de fe. Ellos son Sus canales a través de los cuales Él da las últimas invitaciones de misericordia a un mundo que enfrenta el juicio. Dios no va a esperar siempre. Él va a tener Su pueblo, a través del cual Él puede obrar sin impedimentos.[40] Pero hasta ese día: "Cristo espera con un deseo anhelante la manifestación de sí mismo en su iglesia. Cuando el carácter de Cristo sea perfectamente reproducido en su pueblo, entonces vendrá él para reclamarlos como suyos". (PVGM:47).

La cosecha del evangelio es el resultado de la fe. El fruto totalmente desarrollado de los caracteres cristianos, no es algo imputado solamente al pueblo de Dios.[41] Ellos son hombres y mujeres que han vencido "por la sangre del Cordero y por la Palabra de su testimonio" (Apoc. 12:11). Ellos conocen por experiencia "la fe que obra por amor y purifica el alma de toda mancha de pecado" (RH, 10-06-1890).

"Juan dice: 'Amados, ahora somos hijos de Dios, y aun no aparece lo que seremos: pero sabemos que, cuando él aparezca, seremos como él; porque lo veremos tal como es'. No debemos tener una fe barata. 'Todo hombre que tiene esta esperanza en él, se purifica a sí mismo, así como él es puro'". (RH, 10-06-1890).

El vivir en la última generación como vencedores, como guardadores de los mandamientos y como hombres y mujeres de fe genuina, no es algo que uno pueda

---

[38] "Cristo está tratando de reproducirse a Sí mismo en los corazones de los hombres; y Él lo hace a través de aquellos que creen en Él. ¡El objetivo de la vida cristiana es llevar fruto, la reproducción del carácter de Cristo en el creyente, para que se reproduzca en otros!". (PVGM:67). Paginación en Inglés. "La misma imagen de Dios se ha de reproducir en la humanidad. El honor de Dios, el honor de Cristo, están comprometidos en la perfección del carácter de su pueblo". (DTG:625).
[39] "La misma imagen de Dios se ha de reproducir en la humanidad. El honor de Dios, el honor de Cristo, están comprometidos en la perfección del carácter de su pueblo". (DTG:625).
[40] "Revestida de la armadura de la justicia de Cristo, la iglesia entrará en su conflicto final. 'Hermosa como la luna, esclarecida como el sol, imponente como ejércitos en orden' (Cantares 6:10), ha de salir a todo el mundo, vencedora y para vencer". (PR:535).
[41] "Los discípulos de Cristo han de volverse semejantes a él, es decir, adquirir por la gracia de Dios un carácter conforme a los principios de su santa ley. Esto es lo que la Biblia llama santificación. Esta obra no se puede realizar sino por la fe en Cristo, por el poder del Espíritu de Dios que habite en el corazón". (Maranata:229).

conseguir como un asceta o a través de cualquier otro estilo de vida, donde los individuos tratan de escapar de las responsabilidades normales de la vida. Jesús poseyó una vida de fe en medio de los deberes y peligros que todos enfrentan, que cumple sus responsabilidades como miembro de una familia, un proveedor económico, o un buen vecino.

Tal vez esa es una de las razones por la cual Dios nos recuerda a Enoc y a Elías, hombres "con naturaleza semejante a la nuestra" (Santiago 5:17). Estos dos hombres no vieron la muerte. El Señor los trasladó. Sus experiencias se han convertido en ejemplos de lo que le espera a la última generación, la última generación de fe genuina.

Sus vidas enseñan que al cielo no va a ser trasladado nadie que no haya sido un vencedor. "Enoc y Elías son los representantes correctos de lo que la raza puede llegar a ser a través de la fe en Jesucristo, si eligen serlo. Satanás fue grandemente perturbado debido a estos hombres nobles, santos, que permanecieron sin mancha en medio de la contaminación moral que los rodeaba, caracteres perfectamente justos, y fueron considerados dignos de ser trasladados al Cielo". (RH, 03-03-1874).

Elías alcanzó sus victorias como un vencedor, porque fue un gran hombre de fe. Dios honró a Enoc, lo trasladó a los cielos, porque fue un hombre de fe (Heb. 11:5).[42] "El piadoso carácter de este profeta representa el estado de santidad que deben alcanzar todos los que serán 'comprados de entre los de la tierra' (Apoc. 14:3) en el tiempo de la segunda venida de Cristo. En ese entonces, así como en el mundo antediluviano, prevalecerá la iniquidad. Siguiendo los impulsos de su corrupto corazón y las enseñanzas de una filosofía engañosa, el hombre se rebelará contra la autoridad del Cielo. Pero, así como Enoc, el pueblo de Dios buscará la pureza de corazón y la conformidad con la voluntad de su Señor, hasta que refleje la imagen de Cristo". (PP:77).

En la última generación los asuntos de la gran controversia permanecen claramente, tan claros como lo estuvieron cuando Jesús de Nazaret enfrentó a Satanás. Aun cuando Jesús comprobó que Dios era justo, amoroso, que el hombre en la tierra en su condición caída podía vivir de acuerdo con la voluntad de Dios a través de Su gracia, Él ahora ha

---

[42] "El caso de Enoc está delante de nosotros. Por siglos caminó con Dios. Vivió en una época corrompida, cuando la contaminación moral bullía a su alrededor; pero educó su mente para la devoción, para amar la pureza. Su conversación se refería a las cosas celestiales. Entrenó su mente para que se deslizara por esos canales, y llevó el sello de lo divino. Su rostro resplandecía con la luz que emana de la faz de Jesús. Enoc enfrentaba tentaciones como nosotros. Estaba rodeado por una sociedad que no era más amiga de la justicia que la que nos rodea a nosotros. La atmósfera que respiraba estaba saturada de pecado y corrupción como la nuestra; no obstante, vivió santamente. Se mantuvo incontaminado por los pecados que prevalecían en la época cuando vivió. Del mismo modo nosotros podemos conservarnos puros y sin mancha. Representaba a los santos que viven en medio de los peligros y corrupciones de los últimos días. Como consecuencia de su fiel obediencia a Dios, fue trasladado. Del mismo modo los fieles que permanezcan vivos serán trasladados". (2T:111).

elegido esperar por Su iglesia, para demostrar que todas esas declaraciones son más que afirmaciones teológicas, que la vida de fe que Él vivió y el carácter que Él manifestó, son posibles de alcanzar para todos los hombres y mujeres.

Solamente esas vidas de fe finalmente probarán que las acusaciones de Satanás están erradas y que Dios es justo en todos Sus caminos. (Ver Apoc. 19:2).

Alguna generación de miembros de iglesia serán los "últimos" fieles de Dios. Ellos confirmarán el triunfo que fue de nuestro Señor, - que los hombres y mujeres no necesitan sucumbir a la tentación – que la gracia de Dios los va a sostener espontáneamente, en un vida habitual de amor y de fidelidad. Eso, también hace parte de las Buenas Nuevas, que la humanidad honestas. Temerosa, luchadora quiere conocer. Las voces sinceras preguntan: "¿La batalla es digna? ¿De hecho, existe algo así como la victoria?".

Aun cuando ellos leen que la vida de Jesús dice que sí, el testigo fiel de fe en la última generación ofrecerá la evidencia coronadora, que la Biblia significa lo que dice cuando expresa de tantas maneras que Dios "quiere mantenerlos... sin caer" (Judas 24).

La libertad de la ansiedad, de las consecuencias físicas y emocionales de la culpa, de la esclavitud, de los hábitos auto-destructores; libertad para regocijarse en el presente y para esperar por el futuro; ese estilo de vida es lo que los corazones añoran y el mundo necesita. Ellos han escuchado acerca de eso de muchos púlpitos, pero no será convincente sin la vida que respalda las palabras proclamadas. Aquí reside la autoridad de Jesús y así será en las vidas de aquellos "que guardan los mandamientos de Dios, y la fe de Jesús".

Aquellos vivos demostradores de la "fe que opera a través del amor" (Gál. 5:6) va a silenciar la boca de todos los que desprecian la ley de Dios, Su misericordia, Su justicia. Esas vidas de fe será la gloria que complete la Comisión del Evangelio, la luz de la verdad que le da credibilidad a la palabra de verdad.[43]

---

[43] "En este tiempo la iglesia ha de ponerse sus hermosas vestiduras: 'Cristo justicia nuestra'. Estas son distinciones definidas, claras, que han de ser restauradas y ejemplificadas ante el mundo al mantener en alto los mandamientos de Dios y la fe de Jesús. La hermosura de la santidad ha de aparecer con su lustre primitivo en contraste con la deformidad y las tinieblas de los desleales, aquellos que se han rebelado contra la ley de Dios... La iglesia ha de sostener firme y decididamente sus principios ante todo el universo celestial y los reinos del mundo; la firme fidelidad en mantener el honor y el carácter sagrado de Dios atraerá la atención y la admiración aun del mundo, y muchos serán inducidos, por las buenas obras que contemplen, a glorificar a nuestro Padre en los cielos. Los leales y fieles llevarán las credenciales del cielo, no de los potentados terrenales.

El Señor ha provisto a su iglesia de capacidades y bendiciones para que presente ante el mundo una imagen de su propia suficiencia, y para que su iglesia sea completa en él, una constante representación de otro mundo, el mundo eterno, regido por leyes superiores a las terrenas...

Aquí finalmente está el pueblo por el cual Dios ha esperado, el pueblo que no solo dice "si" a todos lo que Él dice, sino que también demuestra la distintiva cualidad de lo que le sucede al pueblo que le dice "si" a Dios.[44]

"Siendo que todo será destruido, ¿qué clase de personas debéis ser en santa y piadosa conducta, esperando y acelerando la venida del día de Dios? En ese día los cielos serán encendidos y deshechos, y los elementos se fundirán abrasados por el fuego. Pero, según su promesa, esperamos un cielo nuevo y una tierra nueva, donde habita la justicia. Por eso, oh amados, ya que esperáis estas cosas, procurad con diligencia ser hallados en paz con él, sin mancha ni represión". (2 Pedro 3:11-14).

No existe ningún rebelde entre ellos, son hombres y mujeres de fe.

La iglesia ha de ser alimentada del maná celestial, y mantenida bajo la única guardia de su gracia. Revestida con la armadura completa de luz y justicia, entra en su final conflicto. La escoria, el material Inútil, será consumido, y la influencia de la verdad testifica ante el mundo de su carácter santificador y ennoblecer". (TM:12-14).

"El mundo hoy tiene una clamorosa necesidad de una revelación de Cristo Jesús en la persona de sus santos. Dios desea que sus hijos estén ante el mundo como pueblo santo. ¿Por qué? Porque hay un mundo que salvar por medio de la luz de la verdad evangélica; y a medida que el mensaje de verdad que, ha de llamar a los hombres de las tinieblas a la luz maravillosa de Dios sea dado por la iglesias, a vida de sus miembros, santificada por el Espíritu de verdad, ha de ser un testimonio de la veracidad del mensaje proclamado". (TM:466-467).

[44] "Dios tiene el propósito de dar a conocer los principios de su reino a través de su pueblo... Se debe realizar una obra de gran importancia en la divulgación de las verdades salvadoras del Evangelio, ya que es el medio ordenado por Dios para detener la marea de corrupción. Es el medio que él emplea para restaurar su imagen moral en los seres humanos... La divulgación de estas verdades es el propósito del mensaje del tercer ángel.

La gloria de esa luz, que es la misma gloria del carácter de Cristo, debe manifestarse en el cristiano de manera individual, en la familia, en la iglesia, en el ministerio de la Palabra y en toda institución establecida por el pueblo de Dios. Él desea que todas estas cosas sean símbolos de lo que se puede hacer a favor del mundo. Deben ser ejemplos del poder salvador de las verdades del Evangelio... Contemplando la bondad, la misericordia, la justicia y el amor de Dios revelados en la iglesia, el mundo ha de obtener una representación de su carácter. Y cuando la ley de Dios quede así manifestada en su vida, el mundo reconocerá la superioridad de los que aman, temen y sirven a Dios por encima de todos los demás habitantes de la tierra". (6T:20-21).

Otros libros referente al Mensaje de 1888 disponibles:

1. Descubriendo la Cruz, Autor: Robert J. Wieland.

2. Introducción al Mensaje de 1888, Autor: Robert J. Wieland.

3. 1888 Reexaminado, Autores: Robert J. Wieland y Donald K. Short.

4. He aquí, Yo estoy a la Puerta y llamo, Autor: Robert J. Wieland.

5. Diez Grandes Verdades del Evangelio, Autor: Robert J. Wieland.

6. Nuestro Glorioso Futuro, Autor: Robert J. Wieland.

7. ¿Como pudo Jesús ser un niño sin pecado?, Autor: Robert J. Wieland.

8. La Palabra se Hizo Carne, Autor: Ralph Larson.

9. Cristologia en los Escritos de Elena G. de White, Autor: Ralph Larson.

10. El Evangelio en Gálatas, Autor: E. J. Waggoner.

11. Carta a los Romanos, Autor: E. J. Waggoner.

12. El Pacto Eterno, Autor: E. J. Waggoner.

13. Cristo y su Justicia, Autor: E. J. Waggoner.

14. 1888 Materiales; Volúmenes 1-4 en español, Autor: Elena G. de White.

15. El Camino Consagrado a la Perfección Cristiana, Autor: A. T. Jones.

16. El Mensaje del Tercer Ángel; 3 Volúmenes, Autor: A. T. Jones.

17. Lecciones sobre la Fe, Autores: A. T. Jones y E. J. Waggoner.

*Si desea adquirirlos al por mayor (40% descuento), son por cajas de 50 libros (puede ser mixto) y nos puede contactar a este correo:
lsdistribution07@gmail.com

www.ingramcontent.com/pod-product-compliance
Lightning Source LLC
Chambersburg PA
CBHW080901010526
44118CB00015B/2228